MARCO ⊕ POLO
ÖSTERREICH

Reiseführer mit Insider-Tips

*Sechs Symbole sollen Ihnen
die Orientierung in diesem Führer erleichtern:*

für Marco Polo Tips – die besten in jeder Kategorie

für alle Objekte, bei denen Sie auch eine schöne Aussicht haben

für Plätze, wo Sie bestimmt viele Einheimische treffen

für Treffpunkte für junge Leute

*(A 1)
Koordinaten für die Übersichtskarte*

*Die Marco Polo Route verbindet die schönsten Punkte von
Österreich zu einer Idealtour*

Dieser Führer wurde von Renate Wagner-Wittula und Christoph
Wagner verfaßt. Beide leben in Wien und haben sich auf
Fachliteratur über Österreich spezialisiert.

*Die Marco Polo Reihe wird herausgegeben
von Ferdinand Ranft.*

MAIRS GEOGRAPHISCHER VERLAG

MARCO 🌐 POLO

Für Ihre nächste Reise gibt es folgende Titel dieser Reihe:

Ägypten	Frankreich	Korsika	Rußland
Algarve	Frz. Atlantikküste	Kreta	San Francisco
Amsterdam	Fuerteventura	Lanzarote	Sardinien
Andalusien	Gardasee	Lissabon	Schottland
Antarktis	Gran Canaria	Loire-Tal	Schwarzwald
Athen	Griechenland	London	Schweden
Australien	Gr. Inseln/Ägäis	Madrid	Schweiz
Baltikum	Hamburg	Mallorca	Sizilien
Bangkok	Harz	Malta	Spanien
Barcelona	Hawaii	Marokko	St. Petersburg
Bayerischer Wald	Holland	Mecklenburger	Südafrika
Berlin	Hongkong	Seenplatte	Südtirol
Bodensee	Ibiza/Formentera	Mexiko	Sylt
Brasilien/Rio	Indien	Moskau	Taiwan
Bretagne	Ionische Inseln	München	Teneriffa
Brüssel	Irland	Nepal	Tessin
Budapest	Ischia	Neuseeland	Thailand
Capri	Island	New York	Tirol
China	Israel	Norwegen	Tokio
Costa Brava	Istanbul	Oberbayern	Toskana
Côte d'Azur	Italien	Österreich	Tschechische Rep./
Dänemark	Ital. Adria	Ostseeküste:	Slowaktische Rep.
Deutschland · Ost	Ital. Riviera	Schlesw.-Holst.	Tunesien
Dresden	Japan	Mecklbg.-Vorp.	Türkei
Elsaß	Jerusalem	Paris	Türk. Mittelmeer-
England	Jugoslaw. Küste	Peking	küste
Euro Disney	Kalifornien	Polen	Ungarn
Feuerland/	Kanada	Portugal	USA
Patagonien	Karibik:	Potsdam	USA: Neuengland
Flandern	Gr. Antillen	Prag	Venedig
Florenz	Kl. Antillen	Provence	Weimar
Florida	Kenia	Rhodos	Wien
Frankfurt	Köln	Rom	Zypern

Die Marco Polo Redaktion freut sich, wenn Sie ihr schreiben:
Marco Polo Redaktion, Mairs Geographischer Verlag
Postfach 31 51, D-73751 Ostfildern

Unsere Autoren haben nach bestem Wissen recherchiert. Trotzdem schleichen sich
manchmal Fehler ein, für die der Verlag keine Haftung übernehmen kann.
Titelbild: Dachsteingebirge (Schapowalow/Kirsch)
Fotos: Amberg (42); Lade/Kaki (30); Lade/Tetzlaft (Umschlagklappe vorn); Lade/Wrba
(7, 36); Mauritius/Inzko (50); Mauritius/Mallaun (80, 86); Mauritius/Pigneter (65);
Mauritius/Pronto (33); Santor (60, 67, 79, 84); Schapowalow/Albinger (8); Schapowalow/Breig
(4); Schapowalow/Geiersperger (68, 76); Schapowalow/Gritscher (29); Schapowalow/Heaton
(72); Schapowalow/Kirsch /45); Schapowalow/Müller (22); Schapowalow/Pratt-Pries (96);
Schuster/Eckstein (19); Sperber (26); Strobel (14, 34, 54); Storto (17); Transglobe/Janicek (20);
Transglobe/Mallauh (88); Transglobe/Siebig (24)

2., aktualisierte Auflage 1993
© Mairs Geographischer Verlag/Hachette
Gestaltung: Thienhaus/Wippermann (Büro Hamburg)
Kartographie: Mairs Geographischer Verlag
»Das Werk einschließlich aller seiner Teile ist urheberrechtlich geschützt. Jede urheberrechtswidrige
Verwertung ist ohne Zustimmung des Verlages unzulässig und strafbar. Das gilt insbesondere für
Vervielfältigungen, Übersetzungen, Nachahmungen, Mikroverfilmungen und die Einspeicherung
und Verarbeitung in elektronischen Systemen.«

Printed in Germany
Gedruckt auf 100% chlorfreiem Papier

INHALT

Auftakt: Entdecken Sie Österreich! **5**
*Die Insel der Seligen, als die der Papst es einmal bezeichnet hat,
ist Österreich gewiß nicht. Eine »selige Insel« sehr wohl*

Geschichtstabelle **12**

Österreich-Stichworte: Vom Adel bis zur Zahnradbahn **15**
Einige Codewörter, um die österreichische Seele zu knacken

Essen & Trinken: Wiener Küche und ländliche Schmankerl **21**
*Die Wiener Küche zählt seit jeher zu den besten der
Welt. Doch sie ist nicht identisch mit der österreichischen*

Einkaufen & Souvenirs: Von Petit Point bis Lodenmode **25**
*Österreich ist kein Einkaufsparadies wie Hongkong oder Paris.
Doch es gibt hier vieles, was man sonst nirgendwo auf der Welt
bekommt*

Österreich-Kalender: Land der Feste **27**
*Österreich zählt zu den Ländern mit den meisten freien
Arbeitstagen der Welt. Und es wird auch entsprechend gefeiert*

Burgenland, Niederösterreich und Wien: Im Osten was Neues ... **31**
*Seit dem Fall des Eisernen Vorhangs ist das bisher fast
hermetisch abgeriegelte Ostösterreich wieder zu einem
Mittelpunkt Europas geworden*

**Steiermark, Kärnten und Osttirol:
Am Semmering beginnt der Süden** **51**
*Wer durch die Steiermark nach Kärnten fährt, merkt an
vielen Indizien, daß Italien nicht mehr weit ist*

**Oberösterreich und Salzburg:
Das Seenland in Österreichs Mitte** **69**
*Die beiden Kernländer Österreichs werden vor allem von der
Seenplatte des Salzkammerguts geprägt*

Nordtirol und Vorarlberg: Land und Ländle »im Gebirg« **81**
*Durch ihre abgeschiedene geographische Lage steuern Tirol und
Vorarlberg seit jeher einen rundum eigenständigen Kurs*

Praktische Hinweise: Von Auskunft bis Zoll **91**

Warnung: Bloß nicht! **94**

Register **95**

Was bekomme ich für mein Geld? **96**

AUFTAKT

Entdecken Sie Österreich!

Die Insel der Seligen, als die der Papst es einmal bezeichnet hat, ist Österreich gewiß nicht. Eine »selige Insel« sehr wohl

Dies Österreich ist eine kleine Welt, in der die große ihre Probe hält«, sagte der deutsche Dichter Friedrich Hebbel einmal über das Land, in dem er sich, wie seither viele seiner Landsleute, besonders gerne aufhielt. Auch wenn Österreich seither von der Weltmacht zum Zwergstaat geschrumpft ist, stimmen Hebbels Worte noch immer, vielleicht sogar mehr denn je zuvor: Österreich ist — landschaftlich ebenso wie kulturell — ein Mikrokosmos. Es hat in sich mehr Geschichte und Tradition aufgesogen als so manche neureiche Großmacht. Es verfügt aufgrund seiner geographischen Lage über eine derartige Vielfalt von Landschaftsformen, wie man sie kaum in einem vergleichbar kleinen Land, aber auch selten in größeren finden wird. Ohne Österreichs kulturelles Erbe würde die abendländische Kultur um einen Mozart, einen Schubert, einen Bruckner, einen Johann Strauß, einen Franz Kafka und einen Sigmund Freud ärmer sein, um nur ganz wenige der Titanen *made in Austria* zu nennen, von denen es in Wahrheit noch viel mehr gibt (auch wenn die Österreicher beispielsweise Beethoven und Brahms nur von den Deutschen »geborgt«, beide Musiker dafür aber um so nachhaltiger eingebürgert haben). Was ist es nun aber wirklich, was diese knappen 840 000 qkm Land mit seinen rund 7,5 Mio. Einwohnern zu jener »Welt im Kleinen« macht, von der Hebbel gesprochen hat? Ist es nur das imperiale Erbe der Donaumonarchie? Ist es etwa auch das Klima? Oder ist es die geographische Lage am Schnittpunkt aller Himmelsrichtungen, in der sich germanische, slawische und romanische Elemente zu einem »Melting Pot« vermischen konnten, wie man ihn sonst vielleicht nur noch in New York findet?

Gewiß spielen alle diese Gründe eine Rolle, wenn man beginnt, sich eine Art Österreich-Puzzle zusammenzusetzen.

Die Bergwelt Kärntens bezaubert das ganze Jahr. Sportbegeisterte kommen beim Skilaufen im Winter ebenso auf ihre Kosten wie beim Wandern im Sommer

Das älteste Stückchen Österreich entstand in der jüngeren Steinkohlezeit, also vor etwa 290 Mio. Jahren. Es ist jenes alte Rumpfschollengebirge, das heute große Teile Ober- und Niederösterreichs, genauer gesagt das Mühlviertel und das Waldviertel umschließt. Beide sind archaische Landschaften nördlich der Donau, die sich infolge der langen, geradezu hermetischen Abgeschlossenheit durch den Eisernen Vorhang im Norden auch viel von ihrer Urtümlichkeit bewahrt haben und erst in den vergangenen Jahren allmählich vom »Durchzugstourismus« der Nord-Süd-Route erfaßt wurden.

Aus der Vogelperspektive erscheint diese Landschaft wie ein monolithischer Block, der an seiner Südseite von jenen Donauwellen umspült wird, die so blau freilich auch wieder nicht sind, wie es uns der Strauß-Walzer »An der schönen blauen Donau« weismachen möchte, der von den Österreichern — und nicht nur von ihnen — gerne als geheime Nationalhymne des Landes gehandelt wird.

Die Donau ist, obwohl sie genaugenommen nur drei von neun Bundesländern durchfließt, der Zentralnerv, die geheime Lebensader des Landes.

Unser kurzer einleitender Streifzug durch Österreich führt uns vom Donauland geradewegs in die drei großen österreichischen Beckenlandschaften, das Wiener, das pannonische und das Grazer Becken. Das Wiener Becken wird vom östlichsten und wohl auch sanftesten Alpenausläufer, dem Wienerwald, geprägt. »G'schichten aus dem Wienerwald« gibt es viele, walzer- und heurigenselige vor allem, aber auch bitterböse wie etwa jene, die uns der ungarisch-österreichische Dichter Ödön von Horvath in seinem gleichnamigen Drama erzählt. Süßliches Idyll und bittere Realität lagen in Wien schon immer nahe beieinander, und der Wienerwald ist von Schubertliedern bis zur Tragödie im Wienerwald-Jagdschloß Mayerling fast zum Sinnbild für diese zartbittere Tönung geworden.

Dabei wäre den Wienern ihr Wald mitsamt seinen schier uferlosen Weinbergen, seinen dichten Buchenabschnitten im Norden und den Schwarzkieferhainen im Süden vor etwa einem Jahrhundert um ein Haar abhanden gekommen. Geschäftemacher und Spekulanten erhofften sich auf dem Höhepunkt der in ökologischer Hinsicht besonders erbarmungslosen Wiener »Gründerzeit« von der Abholzung des gesamten Baumbestandes enorme Gewinne. Und es ist einem Einzelkämpfer namens Josef Schöffel zu verdanken, der es durch die Mobilisierung der Bewohner von Mödling, der größten Ortschaft im Wienerwald, schaffte, den Raubbau an der Landschaft in letzter Minute zu verhindern.

In Mödling beginnt auch die Verbindungslinie vom Wiener zum Grazer Becken, die sogenannte Thermenlinie. Ihr Name verrät schon, daß sie von zahlreichen warmen Quellen des einstigen Urmeeres gespeist wird, die einen besonders hohen Gehalt an Mineralien und Radioaktivität aufweisen. Baden bei Wien beispielsweise, ein fashionabler Kurort aus dem Fin de siècle, ver-

AUFTAKT

Ziehbrunnen sind typisch für die Dörfer im Burgenland

dankt einen Großteil seines Ruhms den fünfzehn Schwefelthermen, die mit Temperaturen von bis zu 38,5 Grad Celsius aus dem Erdreich sprudeln. Bekannte Kurorte entlang der Thermenlinie, die sich hinter dem Semmering auch in der Steiermark fortsetzt, sind Bad Vöslau, Bad Fischau, Bad Schönau, Bad Waltersdorf, Bad Tatzmannsdorf, Bad Gleichenberg und Bad Radkersburg. Wobei zu den Besonderheiten der Thermenlinie keineswegs nur das heilkräftige Wasser, sondern auch eine andere, vielleicht nicht ganz so heilkräftige Flüssigkeit zählt, nämlich der Wein. An den Hängen längs der Südbahn, welche die Thermenregion durchquert, bringt er einige seiner herrlichsten Ausdrucksformen, kräftige, körperreiche Weißweine und samtig-elegante Rotweine hervor, unter anderem den weltberühmten »Gumpoldskirchner«.

Bevor wir jedoch ins Grazer Becken und damit in die Steiermark abschweifen, und weil wir schon einmal beim Wein sind, bietet sich noch ein kurzer Abstecher ins Pannonische Becken an, das mit weiten Teilen des Bundeslandes Burgenland identisch ist.

Wer jemals Österreichs hochalpine Regionen kennengelernt hat, kann sich kaum vorstellen, daß ein kleines Gebirgsland wie Österreich auch noch Platz für eine so ganz und gar gegensätzliche Landschaft hat. Im Seewinkel östlich des Neusiedler Sees ist es so »brettleben«, wie die Einheimischen sagen, daß man bis hin zum Horizont nicht einmal eine Bodenwelle erkennen kann und die typischen Ziehbrunnen der Pußta sowie die geduckten, strohgedeckten Winzerhäuser nahezu die einzigen Erhebungen in der Landschaft zu sein scheinen.

Den eigentlichen Mittelpunkt des Pannonischen Beckens bildet zweifellos der Neusiedlersee, Mitteleuropas einziger Steppensee und ein Biotop von weltweit einzigartiger Bedeutung. Das

Fassadenmalereien sind aus der ländlich-bürgerlichen Architektur Nordtirols nicht wegzudenken

310 qkm umspannende »Meer der Wiener« wird von einem einzigen schmalen Bächlein namens Wulka entwässert und sonst nur aus unterirdischen Quellen gespeist. Einmal ist der See inmitten seines 130 qkm messenden Schilfgürtels den Burgenländern buchstäblich vor den Augen weggetrocknet. Und es gibt einige Prognosen, daß dies schon in den nächsten Jahrzehnten ein zweites Mal der Fall sein könnte. Es empfiehlt sich also durchaus, dem Neusiedlersee noch in diesem Jahrhundert einen Besuch abzustatten. Man wird dafür nicht nur mit einer bezaubernden Landschaft, sondern auch mit einer europaweit einzigartigen Flora und Fauna belohnt, deren charakteristischste Vertreter die berühmten »Ruster Störche« sind.

Südlich des Neusiedlersees gelangt man ins nicht mehr ganz so »brettlebene« Mittel- und Südburgenland und, ein Stückchen weiter östlich, ins von ausladenden Obstkulturen geprägte oststeirische »Joglland«, das seinen Namen Kaiserin Maria Theresia verdankt, die während einer Inspektionsreise einmal fragte, wie es eigentlich käme, daß in diesem Landstrich alle Männer Jogl hießen.

Die Oststeiermark ist eine sehr idyllische, vom Tourismus noch fast unberührte Gegend, die vor allem für ihre bunten Herbste berühmt ist. Kaum jemals erreichen die vom Mischwald bedeckten Erhebungen mehr als 600 bis 800 m. Die kleinen Flüsse winden sich mäandrisch durch blühende Aulandschaften.

Die sanften Hügelketten scheinen allesamt auf das Grazer Becken, die Mitte der »grünen Mark«, wie die Steiermark auch genannt wird, hinzustreben. Es verläuft nach Süden hin in die tief eingeschnittenen Hügelketten des Sausalgebirges (wo sich Kitzeck, Europas höchstgelegener Weinort befindet) und der südsteirischen Weinstraße zwischen Eibiswald und Ehrenhausen. Sie wird keineswegs nur von glühenden Patrioten als »steirische Toskana« bezeichnet, zumal sie mit derselben nicht nur hervorragende Weine, sondern auch das Landschaftsbild gemeinsam hat.

Womit wir den Ebenen und Beckenlandschaften Lebewohl sagen und uns jenen Regionen zuwenden, für die Österreich (ähnlich wie die flächenmäßig nur halb so große Schweiz) mit

AUFTAKT

Recht Weltruhm genießt – als jenes »Land der Berge«, als das es auch in der Bundeshymne besungen wird.

Österreichs Anteil an den Ostalpen verläuft in drei, durch Längsfurchen voneinander eindeutig unterscheidbaren Zonen: den Nördlichen Kalkalpen, den Zentralalpen und den Südlichen Kalkalpen, zu denen man auch noch zwei weitere Beckenlandschaften, nämlich jene rund um die Osttiroler Hauptstadt Lienz und die Kärntner Landeshauptstadt Klagenfurt rechnen muß. Letzteres ist vor allem als jene berühmte Kärntner Seenplatte bekannt, die nicht nur das TV-bekannte »Schloß am Wörthersee« birgt, sondern auch Seenjuwelen wie den Millstätter, den Faaker und den Ossiacher See sowie zahllose »geheime Seen«, die freilich – wie etwa der Pressegger oder der Keutschacher See – dank ihrer unleugbaren Beliebtheit bei den Feriengästen gar so geheim auch nicht mehr sind.

Die Nördlichen Kalkalpen beginnen am Rhein und verlaufen in vielerlei Ketten und Zinnen über den Arlberg, das Tiroler Stanzertal, den Inn, die Salzach und die Enns entlang über das steirische Mur- und Mürztal bis hin zum Semmering und zu den letzten Alpenerhebungen, zu den bereits auf Wiener Stadtgebiet liegen: Leopoldsberg, Kahlenberg und Lainzer Tiergarten. Zu den absoluten »Highlights« dieses Teiles der Alpen zählen zunächst einmal die Karwendelkette und das Zillertal in Tirol. In ihrem Herzen sind auch die berühmten Krimmler Wasserfälle im Salzburger Pinzgau, eines von Österreichs bedeutenden Naturwundern, gelegen. Und schließlich breitet sich rund um den Dachstein das weltberühmte Salzkammergut aus, jenes Gebiet, wo man, wie das Volkslied weiß, »gut lustig sein« kann. Was offenbar auch schon Kaiser Franz Joseph wußte, der den Kurort Bad Ischl zu seiner Sommerresidenz ausbaute und damit der Seenplatte rund um Attersee, Traunsee, Hallstätter See, Mondsee und Wolfgangsee (um nur die wichtigsten zu nennen) jenen imperialen Glanz verlieh, der an den Uferstegen und Seepromenaden zwischen Gmunden und St. Gilgen noch heute so allgegenwärtig ist und, auch wenn heute nur noch die wenigsten Österreicher Monarchisten sind, Wesen und Persönlichkeit der Bewohner entscheidend geprägt hat.

Wenn in Wanderliedern von »herrlichen Bergen und sonni-

Die Marco Polo Bitte

Marco Polo war der erste Weltreisende. Er reiste in friedlicher Absicht, verband Ost und West. Er wollte die Welt entdecken, fremde Kulturen kennenlernen, nicht zerstören. Könnte er für uns Reisende des 20. Jahrhunderts nicht Vorbild sein? Aufgeschlossen und friedlich sollte unsere Haltung in anderen Ländern sein. Dazu gehören auch Respekt vor Mensch und Tier und die Bewahrung der Umwelt.

gen Höhen« die Rede ist, so denken die Österreicher freilich vor allem an die Zentralalpen. In ihrem Verlauf findet man nämlich die höchsten und beeindruckendsten Gipfel, die längsten Gletscherzungen, die imposantesten Kletterpartien und die schönste Alpenflora. Das Kernstück dieser Gebirgsformation ist das im Norden von Salzach und Inn, im Süden hingegen von Drau und (in Südtirol) Eisack begrenzte »Tauernfenster« zwischen Brenner und Matrei, das seinen Namen der geologischen Besonderheit dieses Ensembles verdankt. Hier befinden sich jene Gipfel, die das Herz jedes Bergsteigers höher — und immer noch höher — schlagen lassen. Das ist zunächst einmal der Großglockner, der höchste Berg Österreichs, auf den die Glockner-Hochalpenstraße, die wohl berühmteste Bergstraße der Alpenrepublik führt. Rundherum rufen die Gipfel der Zillertaler Alpen, des Großvenediger- und des Sonnblick-Ankogel-Massivs, während sich tief unten im kristallinen Gestein die Autokolonnen träge durch den Tauerntunnel längs der Nord-Süd-Route von Deutschland nach Italien bewegen.

Westlich des »Tauernfensters« erstrecken sich die Silvretta und die Ötztaler Alpen mit der Wildspitze, dem höchsten Berg Tirols. Ostwärts verlaufen die Zentralalpen längs der rundkuppigen Nockberge über das Kärntner Lavanttal bis hin zum Wechselgebirge, in dem Ludwig Wittgenstein seinen weltberühmten »Tractatus logico philosophicus« verfaßte. Weiter geht's hinein in die sogenannte »Bucklige Welt«

und ins Pannonische Becken, in welches — als östlichste Zentralalpenausläufer — das im Sommer von violetten Salbeiblüten übersäte Rosaliengebirge und die von ausladenden Weingärten bestandenen Hänge des Leithagebirges hineinragen. Diese kleine *Tour d'horizon* durch Österreich hat gewiß eines gezeigt: Über den sprichwörtlichen Leisten scheren lassen sich Österreichs neun Bundesländer — Wien, Burgenland, Niederösterreich, Oberösterreich, Salzburg, Steiermark, Kärnten, Tirol und Vorarlberg — beileibe nicht. Was ließe sich beispielsweise Gegensätzlicheres vorstellen als das Leben eines Osttiroler Bergbauern und jenes der an ihrem leicht näselnden, auch Schönbrunnerdeutsch genannten Hochdeutsch erkennbaren Bewohner der Wiener Nobelbezirke Hietzing, Döbling und Sievering? Gewiß hat sich das Erscheinungsbild Österreichs seit der Kaiserzeit gewaltig geändert. Aus einem Bauern- und Beamtenstaat (in dem die Bauern 90 Prozent der Bevölkerung ausmachten) ist ein Industrie- und Fremdenverkehrsland geworden, das sich gleichwohl ein gewisses bäuerliches Element bis heute zu bewahren wußte. Die Dorf- und Flurformen haben sich gottlob weitestgehend erhalten, ob im Burgenland, wo nach wie vor die charakteristische Form des langgezogenen Gassen- und Straßendorfs vorherrscht oder in den vor allem für die Tiroler Bauweise charakteristischen Haufendörfern, in denen enge Gäßchen und winkelige Dorfstraßen einem kompakten Häusermosaik zugrunde liegen.

AUFTAKT

Auch die bäuerliche Architektur ist — aller pseudohistorisierenden »Lederhosenbauweise« zum Trotz — in vielen Dörfern und Tälern Österreichs bis heute erkennbar geblieben.

»Die Wohnungen des Volkes sind die treuesten Verkörperungen seiner Seele«, hat der österreichische Heimatdichter Peter Rosegger einmal gemeint. Und wer die heute noch das Landschaftsbild prägenden stolzen Vierkanthöfe des Innviertels, die wie Trutzburgen wirkenden Kärntner Ringhöfe oder die zahlreichen sprechenden Giebelzeichen auf den Dächern mit ihrer volkstümlichen Symbolik vom heidnischen Hunde- oder Pferdekopf bis zum christlichen »Auge Gottes« verfolgt, der wird dem Schriftsteller Rosegger gewiß recht geben.

Von der Volkskultur ist es in Österreich oft nur ein kleiner Schritt zur sogenannten »Hochkultur«. Viele große Kunstwerke — ob die bedeutenden Schnitzaltäre von Kefermarkt und St. Wolfgang oder der langsame Satz in Beethovens »Pastorale« fußen auf volkskulturellen Elementen. So manche großartige barocke Wallfahrtskirche verdankt, wie etwa die Basilika Mariazell, ihre Existenz einem roh behauenen Holzstück, dem irgendein Herrgottsschnitzer vor fast einem Jahrtausend die reichlich groben Züge einer Madonna verliehen hat.

Ohne tief verwurzelte Volksfrömmigkeit wäre Österreichs Kultur ebensowenig denkbar wie ohne das Haus Habsburg. Seit fast einem Jahrtausend hat sich der österreichische Alltag in jenem vielzitierten Dreieck aus Gott, Kaiser und Vaterland abgespielt, das heute gewiß längst der Vergangenheit angehört, aber ebenso gewiß zum Verständnis dessen beiträgt, was der österreichische Psychiater und Sigmund-Freud-Schüler Erwin Ringel einmal als »österreichische Seele« bezeichnet hat.

»Der Österreicher denkt sich sein Teil und läßt die anderen reden«, heißt es in Schillers »Wallenstein«. Und dieser Satz umreißt bereits genau jenen typisch österreichischen Hang zur »Wurschtigkeit«, der seine Wurzeln gewiß im obrigkeitsstaatlichen Denken des Habsburgerreiches hat. Umgekehrt war der Österreicher, der ja immerhin »den Kaiser gestellt« hat, im Gegensatz zu manchem Vasallenvolk niemals ein Unterdrücker. Und er hat daher, bei aller »Wurschtigkeit« auch einen klammheimlichen Hang zum Größenwahn, der sich in großen Kulturleistungen, aber ebenso in katastrophalen Irrtümern manifestiert.

Bei alledem ist der Österreicher vor allem eines: nämlich ein rundum gastfreundlicher Mensch. Im Laufe seiner Geschichte hat er gelernt, mit Menschen, die — ob Freund oder Feind — aus allen Himmelsrichtungen in die Metropole Wien strömten, umzugehen und jenes Gefühl, das als »gemütlichkeit« sogar in den angelsächsischen Sprachraum eingegangen ist, mit ihnen zu teilen. Manchmal aus durchaus aufrichtigen Motiven, manchmal, damit die Zeit vergeht, und gar nicht so selten auch deswegen, weil der Österreicher erkannt hat, daß man davon ganz gut leben kann.

Geschichtstabelle

ca. 12 000 v. Chr.
Erster Nachweis menschlicher Besiedlung durch den Fund eines Feuerfaustkeils im Kremstal

15 v. Chr.
Unter Kaiser Augustus wird Noricum eine römische Provinz, der Osten des Reiches wird der Provinz Pannonien einverleibt

488
Odoaker löst als Nachfolger des römischen Kaisers die staatsrechtliche Bindung Noricums an Rom auf

976
Der Name Ostarrichi — Österreich — wird erstmals urkundlich erwähnt. Die Babenberger werden Grafen der Ostmark und verlegen ihre Residenz von Melk zunächst nach Tulln und schließlich — 1150 — nach Wien

1156
Österreich wird unter Heinrich II. Jasomirgott zum Herzogtum erhoben. Die Steiermark gelangt durch Erbschaft zum Babenbergerreich

1246–73
Nach dem Aussterben der Babenbergerlinie tritt ein Interregnum ein. 1273 wird Rudolf von Habsburg zum deutschen König gewählt und besiegt Ottokar von Böhmen 1278 in der Schlacht am Marchfeld

1282
Rudolf belehnt seine Söhne mit Österreich, das in der Folge

über 600 Jahre unter der Herrschaft des Hauses Habsburg verbleibt

1493
Kaiser Maximilian I. eint die zwischenzeitlich geteilten österreichischen Länder unter einer gemeinsamen Führung und vertreibt die Ungarn aus Österreich

1519
Karl V., Maximilians Enkel, wird deutscher Kaiser

1522
Machtteilung zwischen Karl V. und seinem Bruder Ferdinand I., der die deutschen Erblande erhält und 1558 ebenfalls Kaiser wird

1529
Erste — erfolglose — Türkenbelagerung Wiens

1683
Die zweite Wiener Türkenbelagerung unter Kara Mustafa wird erfolgreich zurückgedrängt

1740
Maria Theresia besteigt den Thron und verteidigt ihr Territorium erfolgreich im Österreichischen Erbfolgekrieg. Sie muß zwar Schlesien an Preußen abtreten, gewinnt aber dafür Bayern und das oberösterreichische Innviertel

1780
Nach dem Tod Maria Theresias entwickelt sich ihr Sohn Josef II. zum aufgeklärtesten unter allen Habsburgerkaisern. Das 1781 von ihm erlassene

AUFTAKT

Toleranzedikt garantiert die Freiheit der Religionsausübung. Unter seiner Herrschaft kommt es zur Aufhebung und Säkularisierung vieler Klöster

1805
Napoleon besetzt Österreich

1806
Kaiser Franz II. legt die römisch-deutsche Kaiserkrone nieder

1848
Die Märzrevolte zwingt Metternich zum Rücktritt und Ferdinand I. zur Abdankung zugunsten seines erst 18jährigen Neffen Franz Joseph I., der das Reich bis 1916 regiert

1867
Die Doppelmonarchie Österreich-Ungarn wird als Zusammenschluß zweier unabhängiger Staaten unter einem gemeinsamen Herrscher gegründet

1914
Die Ermordung von Thronfolger Franz Ferdinand in Sarajewo löst den Ersten Weltkrieg aus

1916
Nach dem Tod Kaiser Franz Josephs besteigt dessen Großneffe Karl I. — als letzter Habsburger — den Thron

1918
Nach dem Zusammenbruch der Donaumonarchie wird die Erste Republik ausgerufen. Die Friedensverträge von St. Germain besiegeln die bis heute gültigen österreichischen Grenzen. Das Burgenland wird Österreich zugesprochen,

Südtirol geht dafür an Italien verloren

1938
Nach zahlreichen bürgerkriegsartigen Unruhen während der Ära des sogenannten »Austrofaschismus« besetzt Hitler das nunmehr Ostmark genannte Österreich und läßt sich das »Ja« zum Anschluß durch eine manipulierte Volksabstimmung bestätigen

1945
Nach dem Zweiten Weltkrieg wird Österreich zunächst in vier von den alliierten Besatzungsmächten USA, Rußland, England und Frankreich verwaltete Zonen aufgeteilt

1955
Nach Abschluß des Staatsvertrages wird Österreich zum unabhängigen, »immerwährend neutralen« Staat, der auch in die Vereinten Nationen aufgenommen wird

1960 und 1976
Innsbruck steht bei zwei Olympischen Winterspielen im Brennpunkt der Sportwelt

1979
Österreich manifestiert seinen Stellenwert in der internationalen Diplomatie durch die Übergabe der Wiener UNO-City an die Vereinten Nationen

1992
Nach der Ära des wegen seiner NS-Vergangenheit international umstrittenen Bundespräsidenten Kurt Waldheim wird der Diplomat Thomas Klestil zum Bundespräsidenten gewählt

STICHWORTE

Vom Adel bis zur Zahnradbahn

Einige Codewörter, um die österreichische Seele zu knacken

Adel

In Österreich wurde der Adel — im Gegensatz zu Deutschland — nach dem Ende der Monarchie abgeschafft, und im Grunde genommen ist es gesetzlich verboten, einen Adelstitel zu führen. Dennoch weiß selbstverständlich jeder Österreicher nicht zuletzt durch regelmäßige Berichterstattung in den Tratschkolumnen genau darüber Bescheid, was sich im heimischen Hochadel so tut. Und Herbert von Karajan ist beispielsweise zeit seines Lebens nicht dafür belangt worden, daß er seinen Adelstitel auch tatsächlich führte. Schließlich geriet sogar die Beisetzung von Ex-Kaiserin Zita, die auf ihre Thronrechte bis zu ihrem Tod nicht verzichtete, obwohl offiziell eine reine Privatveranstaltung, zum inoffiziellen Staatsakt vor der Kapuzinergruft.

Wenn im seit jeher etwas verklemmten Österreich etwas verboten ist, bekommt es gerade dadurch erst seinen eigentlichen Reiz. Und in gewisser Hinsicht gilt das auch für das Verhältnis des Österreichers zur Aristokratie: Er beteuert zwar, nichts vom Adel zu halten, doch er spricht ununterbrochen davon, meist sogar durchaus mit Respekt. Nur notorische Monarchistenfresser halten Adel hierzulande für Jauche. Und das, obwohl die Jauchegrube im österreichischen Dialekt tatsächlich »Adlgrub'n« heißt.

Almabtrieb

In der Zeit von Mitte September bis Mitte Oktober treiben es die Älpler ziemlich bunt. Da wird das Almvieh von den Sommerweiden wieder zurück ins Tal gebracht. Ist im Sommer kein Unheil auf der Alm geschehen, so sind nicht nur Senner und Sennerinnen in Festeslaune, sondern auch das Vieh wird prächtig geschmückt, in Österreich sagt man »aufgebuscht« oder »aufgekranzt«. In manchen Orten wird nicht nur das Vieh bekränzt, sondern auch die Hütebuben, die dann bunte Papierblumenkrän-

Das Wien-Klischee schlechthin: die Fiaker. Sie sehen heute noch aus wie zu Zeiten des Kronprinzen Rudolf

ze um ihre Hüte flechten, um damit allfällige böse Geister zu verscheuchen.

Beisl

Die Wiener Küche — und auch jene des Umlandes — ist untrennbar mit dem aus dem Jiddischen stammenden Begriff Beisl verbunden. Was ursprünglich soviel wie »kleines Häuschen« bedeutete, ist längst ein unverzichtbarer Bestandteil des Wiener Soziallebens geworden. Kurzum: das kleine Familienwirtshaus ums Eck, in dem man zu günstigen Preisen echte Hausmannskost erwarten darf, und wo man sicher sein kann, kaum jemals einen Touristen, sondern nur Einheimische anzutreffen, die meist sogar aus dem »Grätzl« (Häuserblock) stammen, in dem sich das Beisl befindet.

Fasnacht

So sehr sich das Fasnachts- und Faschingsbrauchtum in Ostösterreich in Grenzen hält, so üppig wuchernde Blüten treibt es im Alpenraum. In Tirol beispielsweise bricht die »große Zeit« des Fasnachtstreibens alle Jahre wieder an, wenn sich zum Faschingskehraus in den engen Gassen der Tiroler Städte die Masken zu ihrem bunt-schaurigen und vor allem durch zahlreiche Glocken und Schellen recht lautstarken Stelldichein treffen.

Was ursprünglich der Partnerfindung am Lande dienen sollte, ist heute längst zur beliebten Fremdenverkehrsattraktion geworden: Beim jährlichen »Mullerlaufen« in und um Innsbruck treffen sich die wilden »Huttler« und »Zottler«. Das berühmte »Schleicherlaufen«, das alle fünf

Jahre in Telfs stattfindet, beeindruckt vor allem durch die meterhohen kunstvollen Hutbauten der Läufer. Auch das von Hexen und »Sacknerinnen« dominierte Imster Schemenlaufen findet nur alle vier Jahre statt, im Gegensatz zum alljährlichen »Wampelerreiten« von Axams, bei dem die Burschen des Ortes mit ausgestopften Oberkörpern durch den Ort ziehen und die Mädchen anmachen. Der volkskundliche Höhepunkt der Tiroler Fasnacht ist schließlich das berühmte, allerdings ebenfalls in unregelmäßigen Abständen stattfindende »Schellerlaufen« in Nassereith, als dessen Höhepunkt das bekannte »Bärenspiel« gilt, der Kampf zwischen Bärentreiber und Bär — nämlich zwischen Sommer und Winter.

Nicht minder farbenfrohe Fasnachtsbräuche gibt es im Salzburger Pongau, wo sich, etwa in Badgastein oder St. Johann, die Spiegel-, Tafel- und Kappenperchten oder die berühmten Rauriser Schnabelperchten zum »Glück und Segen« bringenden Umzug treffen. Im steirischen Bad Aussee stehen die »heiligen drei Faschingstag« im Zeichen eines »Faschingsgerichtshofes«, der von Flinserldamen und -herren immer dann aufs heftigste akklamiert wird, wenn es gegen die Stadthonoratioren und Würdenträger geht. Im oberösterreichischen Salzkammergut schließlich sind es die Glöckler von Ebensee, die um die Faschingszeit mit bis zu 15 kg schweren Glöcklerkappen das Bild der Straßen und Gassen besonders prägen.

Und schließlich sei, obwohl es sich dabei nicht so ganz um altes

STICHWORTE

In traditioneller Tracht zur »Kirchweih«

Brauchtum, sondern um eine — in ganz Österreich dafür ungemein populäre — Kopie des Mainzer Karnevals handelt, der alljährlich auch vom Fernsehen übertragene Villacher Fasching erwähnt, ein karnevalistisch-kabarettistisches Ventil gegen allen Politfilz und -unrat, der gewiß Stoff für mehr als nur eine Karnevalssitzung gibt.

Fiaker

Er ist das Wien-Klischee schlechthin, und doch mehr als nur ein Klischee. Der Wiener Fiakerkutscher, meist ausgestattet mit üppig wucherndem Bakkenbart, Melone und einer karierten Weste mit Silberknöpfen, hat — so will es die Fama — larmoyant »dahinzugranteln«, solange er nur die »Herrschaft« als eine solche behandelt. Wiens berühmtester »Fiaker« war der Bratfisch, der Leibkutscher des unglücklichen Kronprinzen Rudolf. Und wie er, so sehen auch heute noch fast alle Fiaker aus, wenn sie mit den offenen oder geschlossenen Kutschen durch die engen Gassen der Wiener Innenstadt rattern und — ganz comme il faut — beim »Gustl Bauer«, dem Fiakerwirt in der nadelöhrförmigen Drahtgasse, kurz auf ein Krügel Bier halten, von dem auch die Rösser manchmal mitkosten dürfen. »Nichts ist in Wien so resistent wie Legenden«, hat der Dichter Friedrich Torberg einmal gesagt. Und welche Legende wäre resistenter als jene des Wiener »Fiakers«, den es übrigens, nebenbei bemerkt, ganz genauso in Linz, Graz, Salzburg oder Innsbruck gibt.

Kaffeehaus und Konditorei

Das Wiener Kaffeehaus gilt als schönste Möglichkeit, die eigenen vier Wände ins Unendliche hinaus zu verlängern. »Nicht zu Hause und doch an der frischen Luft« fühlten sich hier seinerzeit die sogenannten Wiener Kaffeehausliteraten von Peter Altenberg bis Karl Kraus, die ihre boshaften Aperçus über das angeblich so goldene Wienerherz nicht selten auf Kaffeehausrechnungen kritzelten.

Das Wiener Kaffeehaus begann als Legende und ist bis heute — in Wien gibt es weit über 177 Kaffeehäuser — eine solche geblieben. Es war nämlich keineswegs, wie häufig erzählt wird, der armenische Kundschafter Kolschitzky, sondern dessen wesentlich weniger bekannterer Landsmann Diodat, der mit Hilfe von türkischen Kaffeesäcken, die von der Belagerung Wiens übrig geblieben waren, das Wiener »Urcafé« begründete. Seither wurde das Kaffeehaus zum Kristallisationspunkt des öffentlichen Lebens. Zu einem »echten« Wiener Kaffeehaus zählen neben einem sogenannten »Ober«, der nebenbei auch ein veritabler Psychiater sein muß, eine große Auswahl nationaler und internationaler Zeitungen, ein anständiges Frühstück mit Kipferln und weichem Ei oder Eiern im Glas, vor allem aber ein entsprechender Facettenreichtum an Kaffeespezialitäten. In einem Wiener Kaffeehaus einfach Kaffee zu bestellen, wird gewöhnlich entweder als Impertinenz oder als völlige Unbedarftheit betrachtet. Sie sollten also, auch als ungelernter Kaffeehausbesucher, zumindest zwischen einem *kleinen Braunen*, einem *großen Braunen*, einer *Melange* (verlängerter Milchkaffee), einem *Schwarzen* (Espresso) oder einem *Einspänner* (einem Espresso mit Schlagobers im durchsichtigen Glas) unterscheiden können.

Typische Wiener Kaffeehäuser gibt es übrigens nicht nur in Wien (z.B. Landtmann, Dommayer, Sperl etc.), sondern etwa auch in Linz (Traxlmayer), Salzburg (Bazar) und Innsbruck (Central). Das Kaffeehaus darf man übrigens nicht mit der Konditorei (Zuckerbäcker) verwechseln. Zwar gibt es auch im Kaffeehaus süße Leckereien wie Topfengolatschen oder Nußkronen, wer hingegen die legendäre österreichische Tortenauswahl von der Sachertorte über die Malakofftorte bis zur Dobos- oder Panamatorte verkosten will, der tut freilich besser daran, eine der legendären österreichischen Konditoreien (Demel und Kurkonditorei Oberlaa in Wien, Zauner in Bad Ischl, Kolloini in Villach, Ratzka in Salzburg oder Wrann in Linz) aufzusuchen.

Kirtag (Kirchweih)

Nahezu jede ländliche Gemeinde in Österreich veranstaltet, häufig zum Patroziniumsfest des örtlichen Kirchenschutzpatrons, einen sogenannten »Kirtag«. Darunter versteht man hierzulande ein Volksfest von lokalem Charakter, das zwar mit dem Kirchgang, einer Feldmesse und feierlichem Böllerschießen oder einer Prozession beginnt, danach aber sehr schnell vom Geistlichen ins Weltliche abgleitet.

Abgesehen von den Namenstagen der Kirchenpatrone gilt auch der dritte Sonntag im Oktober allgemein als »Landkirtag«. Die »Kirchweih« ist auch untrennbar mit dem Aufmarsch örtlicher Blasmusikkapellen oder Schützenverbände sowie mit einem Böllerschießen verbunden. Daß Tanz, Bier, Würste und Brathühner ein unbedingtes Muß sind, braucht wohl nicht extra betont zu werden.

Marterln und Bildstöcke

Es müssen im katholischen Österreich keineswegs immer

STICHWORTE

Zeugnis christlicher Kultur geben auch einfache Bauernhäuser

nur die eindrucksvollen gotischen Kathedralen wie der Stephansdom oder Barockstifte wie Melk, Göttweig und St. Florian sein, die auf hohem künstlerischem Niveau die uralte Tradition der christlichen Kultur des Landes bezeugen. Hier findet man auch fast überall im Land Wegkreuze, Bildstöcke und Kapellen, die manchmal bis in romanische Zeiten zurückreichen. Besonders vielfältig sind diese »steinernen Monstranzen« in Kärnten, wo es über 1400 solcher Bildstöcke und Kleinheiligtümer gibt; ihr wahrer Sinngehalt reicht bereits in vorchristliche Zeit zurück. Sind sie doch vor allem Produkte heidnischer Dämonenfurcht, die allmählich von christlicher Symbolik überlagert wurde. Der berühmteste Bildstock Österreichs befindet sich – nicht zuletzt wegen der damit verbundenen Aussicht auf einen der herausragenden der Karawankenberge, in Egg am Faakersee.

Walzer

In der Tat kommt dem Walzer in Österreich ein ähnlicher Stellenwert zu wie in Argentinien dem Tango. Ihn zu beherrschen und die wichtigsten Walzer wie etwa den Donau- oder den Kaiserwalzer auswendig zu kennen, gehört gewissermaßen zum Bildungsgut. Die Hohe Schule des Wiener Walzers ist das alljährlich via TV in alle Welt übertragene Neujahrskonzert. Die Brillanz, mit der die weltbesten Dirigenten die Dreivierteltaktklippen mehr oder weniger »walzerselig« umschiffen oder auch nicht umschiffen, sorgt in Österreichs Kulturszene für brisanten Gesprächsstoff.

Zahnradbahnen

Österreich ist – wie in Europa sonst wohl nur noch die Schweiz – ein Pionierland auf dem Gebiet der Bergbahnen. Auch heute noch sind einige jener legendären, nahezu im Schrittempo fahrenden Zahnradbahnen, meist sogar noch mit Originalgarnituren, in Betrieb, die um die Jahrhundertwende als Inbegriff des technischen Fortschritts galten und heute nur noch, allerdings um so verführerischere Nostalgie sind. Die berühmtesten österreichischen Zahnradbahnen führen auf den niederösterreichischen Schneeberg, auf den Schafberg zwischen Wolfgang- und Mondsee im oberösterreichischen Salzkammergut und von Jenbach zum 400 m höher gelegenen Achensee in Tirol.

ESSEN & TRINKEN

Wiener Küche und ländliche Schmankerl

*Die Wiener Küche zählt seit jeher zu den besten der Welt.
Doch sie ist nicht identisch mit der österreichischen*

Essen

Die Wiener Küche ist ungefähr so alt wie der Wiener Kongreß, zu dem sich nach dem Sturz Napoleons Diplomaten und Staatsoberhäupter aus allen europäischen Ländern versammelten, um wieder Ordnung in den zerrütteten Kontinent zu bringen. »Der Kongreß tanzt«, sagte man damals nicht ganz ohne Ironie. Und wenn gerade einmal nicht getanzt wurde, so wurde — nein, nicht in erster Linie verhandelt, sondern zunächst einmal ausgiebigst getafelt.

Die Wiener Küche ist die einzige der Welt, die nicht nach einem Land, sondern nach einer Stadt benannt ist. Die Pariser Küche hat sich stets der französischen und die Mailänder Küche der italienischen untergeordnet. Die österreichische Küche genießt indessen kaum einen internationalen Ruf, die Wiener Küche sehr wohl.

Und das, obwohl die Wiener Küche alles andere denn eine originäre Stadtküche ist. Ganz im

Die Kaffeehäuser sind legendär

Gegenteil: Die Wiener Küche ist, etwas boshaft ausgedrückt, ein Dieb aus dem Kochtopf, sie sammelte aus den entlegensten Winkeln der alten Donaumonarchie die hervorragendsten Köstlichkeiten und gab dieses schmackhafte Sammelsurium kurzerhand als typisch wienerisch aus.

So kam es, daß das ungarische Gulasch, die böhmischen Mehlspeisen, das als »Wiener Schnitzel« kurzerhand abgekupferte »Scaloppina milanese«, der türkische Strudel, der von den galizischen Juden eingeführte gesulzte Karpfen und der als Reisfleisch adaptierte italienische Risotto allesamt als unverwechselbare Bestandteile der Wiener Küche gelten. Nur der »Tafelspitz« — das gekochte Gustostükkerl vom Rindfleisch — gilt als echtes Wiener Mittagessen, obwohl selbst er eine verräterische Ähnlichkeit mit Italiens »Bollito misto« aufweist.

Doch die Wiener Küche ist ganz und gar nicht gleichbedeutend mit der österreichischen Küche. Und eine österreichische Küche gibt es im Grunde so wenig wie es eine italienische Küche gibt. Die eine wie die andere ist ein Konglomerat von Landesküchen, eine Küche der Regionen also, die allenfalls durch so manche lockere kulinarische Klammer zusammengehalten werden. Gewissermaßen leitmotivisch vernimmt man in dieser kulinarischen Symphonie das Quartett von Sterzen, Nocken, Knödeln und Schmarren, die in unterschiedlichen Variationen die Physiognomie von Österreichs Tafeln bestimmen.

Die alpenländische Küche ist darüber hinaus – und das mag angesichts sämtlicher bekannten Statistiken, die die Österreicher als ein Volk von klassischen Schweine- und Rindfleischverzehrern ausweisen, als Paradoxon erscheinen – eine im Grunde ihres Wesens vegetarische. Man mag berechtigterweise die Frage stellen, ob sie dies aus Überzeugung oder aus Not sei. Wer indessen die zahlreich erhaltenen gebliebenen Speisepläne alter Höfe, Pfarrhäuser und Klosterküchen studiert, wird bemerken, daß das Fleisch dort eine eher untergeordnete Rolle spielte. In den meisten Fällen blieb der Fleischgenuß den hohen Feiertagen vorbehalten.

Umgekehrt spielen auch Gemüse in den alten österreichischen Rezepten nur eine eher nebensächliche Rolle. Der überwiegende Teil der vielen Hunderte von Rezepten, die der Kulinarhistoriker Franz Maier-Bruck in seinem bis heute gültigen Standardwerk »Vom Essen auf dem Lande« gesammelt hat, widmet sich den Feldfrüchten im weitesten Sinne des Wortes, und dann selbstredend den Milchprodukten.

Fleischgerichte spielen vor allem bei der Vorratshaltung, beim Suren und Selchen oder der Verarbeitung in Form von Sulzen (der österreichischen Antwort auf die französischen

Die Sonne und ein »Viertel« im Freien genießen

ESSEN & TRINKEN

Pasteten) eine Rolle. Und dann ist da auch noch der allgegenwärtige Speck, dem freilich niemals die Wertigkeit eines selbständigen Gerichts zukommt, sondern stets nur geschmacksverstärkende, unterstreichende Funktion an sich fleischloser Gerichte. Speck – das bedeutete das bißchen Wohlstand, den »kleinen Kreuzer mehr«, den man für besondere Anlässe auszugeben gewillt war. Speck unterschied karge von besseren Zeiten und armselige von etwas besser gestellten Bauern.

Die kulinarische Phantasie, die in diesem Volk steckt, suchte sich hierzulande andere Bahnen, um sich entwickeln zu können. Ihr verdanken wir eine schier unüberschaubare Palette von Suppen, von der Leberknödel- über die Gulasch- bis zur Fischbeuschlsuppe, die im ländlichen Österreich oft auch als Hauptgerichte verstanden und vor allem in früheren Zeiten auch schon zum Frühstück gelöffelt wurden.

Dem nämlichen Ideenreichtum ist jedoch auch ein verschlungenes Labyrinth von Brauchtumsgebäcken und Mehlspeisen zuzuschreiben, die allesamt auf die eine oder andere Weise miteinander »verschwägert« sind, aber für die jeweilige Region jeweils durchaus den Status originärer Unikate beanspruchen dürfen. Daß die österreichische, zumal die Wiener Küche vor allem eine »Mehlspeiskuchl« ist, nein, keine Kuchl, sondern ein wahrer Mehlspeishimmel, der voller Torten, Buchteln, Kringeln, Strudeln, Stollen und Schlagsahne hängt, das soll an dieser Stelle auch nicht verschwiegen werden.

Trinken

Böse Zungen meinen angesichts der Trinkfreudigkeit der Österreicher, daß Wien nur ein Druckfehler sei und eigentlich Wein heißen müßte. Und wenn man sagt, daß Österreich eines der weinseligen Länder der Welt sei, so wird das sicherlich jeder nachvollziehen können, der jemals in einer der Buschenschenken am Fuße des Wiener Nußberges oder in der Wachau seinen Schoppen getrunken hat, der hierzulande liebevoll »Vierterl« genannt wird.

Das alles soll jedoch nicht darüber hinwegtäuschen, daß Österreich im Grunde genommen ein Bierland ist, und daß der Österreicher im Landesdurchschnitt mehr als dreimal soviel Bier als Wein trinkt – wobei er vor allem von den deutschen Touristen auch aufs Herzhafteste unterstützt wird. In manchen Landesteilen, etwa in Oberösterreich, Kärnten oder dem danach benannten Viertel in Niederösterreich ist das Nationalgetränk Most, das auch den Spitznamen »oberösterreichische Landessäure« trägt.

Schließlich darf bei einer Mahlzeit in Östereich auch niemals ein »Schnapsl« fehlen, ob es sich nun um den »Obstler« zum Bier, den »Enzian« auf der Skihütte, die »Marille« in der Wachau oder den »Trebernen« (Trester) als Digestif im Restaurant handelt – die österreichische Spirituosenkultur braucht heute keinen internationalen Vergleich mehr zu scheuen. Die Zeiten des ordinären und billigen Bauernschnapses sind längst vorbei – der Gast wird in Österreich verwöhnt.

EINKAUFEN & SOUVENIRS

Von Petit Point bis Lodenmode

Österreich ist kein Einkaufsparadies wie Hongkong oder Paris. Doch es gibt hier vieles, was man sonst nirgendwo auf der Welt bekommt

Wer Souvenirstandl-Talmi gezielt meidet, wird in Österreich eine Fülle von Einkaufsmöglichkeiten finden.

Im Burgenland hat sich beispielsweise eine *Töpfer- und Keramiktradition* erhalten, die noch in die Zeiten des alten Römersteinbruchs von St. Margarethen zurückreicht.

Wer *Kunsthandwerk und Antiquitäten* liebt, der wird vor allem in Wien und Salzburg fündig werden. Beide Städte veranstalten jährlich Antiquitätenmessen.

Als Modestadt hat Wien gewiß nicht ganz jenen Ruf, den etwa Metropolen wie Mailand, München oder Paris genießen. Das Modegeschehen dreht sich daher in ganz Österreich vor allem auch um die *Trachtenmode*, in der es sicherlich weltweit führend ist.

In Tirol ist die alte *Holzschnitzkunst* noch bis heute am Leben geblieben.

Auch in anderen ländlichen Gebieten sind es vor allem die kunsthandwerkliche Gegenstän-de, die dazu einladen, das Geldbörsel zu zücken. Kärnten ist beispielsweise für seine *Lederwaren*, aber auch für seine *Felle* bekannt. Ein beliebtes Mitbringsel ist auch der handgeknüpfte österreichische »Fleckerlteppich«, ein buntes Kuriosum, das vor allem in der Weststeiermark beheimatet ist. Das Burgenland wiederum gilt als Zentrum der *Korbflechterei*, und viele Heimarbeiterinnen bieten ihre kleinen Kunstwerke längs der langen Straßendörfer an.

Last not least kommen wir nun zu den *eßbaren Souvenirs*. Ob Tiroler Speck, Innviertler Schnaps, burgenländische Trockenbeerenauslesen, Wiener Torten oder Salzburger Mozartkugeln — an kalorienreichen Verlockungen, die einen auch noch zu Hause an Österreich erinnern, fehlt es hier nicht.

Die Geschäfte sind österreichweit an Werktagen von 8 bis 18 Uhr (Lebensmittelgeschäfte manchmal auch länger) und samstags von 8—12 Uhr geöffnet. (Jeder erste Samstag im Monat ist langer Einkaufssamstag). Für Fremdenverkehrsgemeinden gibt es zahlreiche Ausnahmeregelungen.

Eßbares Souvenir: Mozartkugeln

ÖSTERREICH-KALENDER

Land der Feste

Österreich zählt zu den Ländern mit den meisten freien Arbeitstagen der Welt. Und es wird auch entsprechend gefeiert

OFFIZIELLE FEIERTAGE

1. Januar: *Neujahr*
6. Januar: *Fest der Hl. Drei Könige*
Ostersonntag und Ostermontag
1. Mai: *Staatsfeiertag*
Christi Himmelfahrt
Fronleichnam
Pfingstsonntag und Pfingstmontag
15. August: *Mariä Himmelfahrt*
26. Oktober: *Nationalfeiertag*
1. November: *Allerheiligen*
8. Dezember: *Mariä Empfängnis*
25. Dezember: *Christtag*
26. Dezember: *Stephanitag*

VERANSTALTUNGEN

Januar
1. Januar *Neujahrsschnalzen* vor dem Linzer Landhaus
5. Januar *Lauf der Pinggalperchten* in Mayrhofen im Zillertal, *Lauf der Schnabelperchten* in Rauris und *Glöcklerlauf* in Ebensee am Traunsee
6. Januar *Dreikönigssingen* (auch »Sternsingen« genannt) in ganz Österreich; *Umzug der* ★ *Pongauer Spiegelperchten* (alternierend in St. Johann, Altenmarkt, Bischofshofen und Badgastein)

Keine lokale Veranstaltung, kein religiöses Fest ohne Spielmannszug und Blaskapelle

Februar/März
Das österreichische Fasnachtsbrauchtum ist äußerst vielfältig und vor allem in Tirol (*Schemenlauf* in Imst alle vier Jahre, *Schellerlaufen* in Nassereith alle drei Jahre, *Schleicherlaufen* in Telfs alle fünf Jahre), dem Salzkammergut (vor allem Bad Aussee) und Kärnten (*Villacher Fasching, Maschkerertanz* in Steinfeld im Drautal) noch lebendig

März/April
Gründonnerstag bis Karsamstag Statt dem Glockenläuten ziehen in ganz Österreich die *Ratschenbuam* rasselnd durch das Land. In vielen Ortschaften werden Passionsspiele veranstaltet (*Leiden-Christi-Singen* in Großarl/Pongau, *Mölltaler Passion* in Treßdorf/Kärnten, *Antlaßsingen* in Traunkirchen/OÖ; bekannte Passionsspielorte sind auch der Römersteinbruch in St. Margarethen, Burgenland und Kirschschlag in der Buckligen Welt)
Ostersonntag *Speisenweihen, Eiersuchen* und *Felderbeten* in ganz Österreich
2. Freitag nach Ostern ★ *Vierbergelauf* in Kärnten, eine der ältesten Wallfahrten der Welt, bei der in 24 Stunden 50 km und auf vier Bergen insgesamt 2000 m Höhenunterschied zurückgelegt

MARCO POLO TIPS FÜR FESTE

1 Pongauer Spiegelperchten
Ein besonders farben-
prächtiger Maskenumzug
(Seite 27)

2 Kärntner Vierbergelauf
Die vielleicht älteste, aber
sicher heidnischste Wall-
fahrt der Welt (Seite 27)

3 Fronleichnam am See
Am Traun- und Hallstätter-
see finden die beiden

schönsten, farbenprächti-
gen Prozessionen des
Brauchtumsjahres statt
(Seite 28)

4 Klaubaufgehen
Die wildesten und ar-
chaischsten Krampusse
der Alpen treiben Anfang
Dezember im Osttiroler
Matrei ihr Unwesen
(Seite 28)

---

werden. Ein Abenteuer zwischen heidnischem Brauchtum
und Fitneßlauf, Beginn Freitag
Mitternacht am Magdalensberg

Mai/Juni
1. Mai *Maibaumaufstellen* in fast
allen kleineren österreichischen
Gemeinden
1. Sonntag im Mai *Gauderfest* in
Zell am Ziller mit Tierkämpfen
und Rangelwettbewerben
Fronleichnam ★ *Fronleichnam
am See*, farbenprächtige Seepro-
zessionen in Hallstatt und Traun-
kirchen (Traunsee); sehenswert
sind auch die Fronleichnams-
Blumenteppiche von Deutschlandsberg in der Steiermark
Pfingstsonntag *Kufenstechen*, ein
alter Reiterbrauch, im Kärntner
Gailtal *Dreifaltigkeitssonntag* (1.
Sonntag nach Pfingsten): altes
Knappenbrauchtum (Reiftanz)
beim Kärntner Laubhüttenfest

August
15. August *Schiffsprozession* am
Wörthersee
Mitte August *Piratenschlacht* mit
Schifferstechen in Oberndorf/
Salzach

September/Oktober
Mitte September bis Mitte Oktober *Festlicher Almabtrieb* im Gebirge

November/Dezember
11. November *Martiniganslessen*
in ganz Österreich
4.–6. Dezember ★ *Klaubaufgehen* in Matrei/Osttirol und *Teufel-
tag* in Badgastein
Advent *Herbergssuchen und Krip-
penspiele* in vielen Orten, berühmt sind vor allem die Aufführungen des »Steyrer Kripperls«,
das alle vier Jahre stattfindende
Bad Ischler Krippenspiel und das
Salzburger *Adventsingen* im Fest-
spielhaus
4. Adventsonntag *Christkindlein-
zug* in Innsbruck
26. Dezember *Stefaniritt* im Lavanttal und *Zunftladenübergabe* in
Stoob, Burgenland
31. Dezember *Böller- und Rauh-
nachtschießen* in ganz Österreich

FESTIVALS

Januar
Ende Januar *Salzburger Mozart-
woche*

ÖSTERREICH-KALENDER

Februar/März
Wiener internationales Tanzfestival
Karwoche und Ostern *Salzburger Osterfestspiele*

Mai/Juni
Wiener Festwochen

Juni/Juli
Mitte bis Ende Juni *Schubertiade* Hohenems
Ende Juni *Ars electronica*, Festival für elektronische Musik in Linz
Mitte Juni bis Mitte Juli *Donaufestival* im Raum Krems
Ende Juni bis Ende Juli *Styriarte* (Festival für alte Musik) in Graz

Juli/August
Kultur- und Showfestival auf der Burgruine Finkenstein am Faakersee
Juli *Spectaculum* in der Wiener Universitätskirche (Festival alter Opern)
Juli *Perchtoldsdorfer Sommerspiele* im Burghof
Juli *Internationales Kammermusikfestival* auf Burg Lockenhaus
Mitte Juli ☧ *Jazzfestival* in Wiesen
Musikfestival Carinthischer Sommer in Ossiach und Villach
Internationale Musikwochen in Millstatt
Mitte Juli bis Ende August *Operettenfestspiele* in Mörbisch
Ende Juni bis Ende August *Salzburger Festspiele* und *Bregenzer Festspiele*

August
Mitte bis Ende August *Festwochen der Alten Musik* in Innsbruck
Ende August ☧ *Jazz-Festival* in Saalfelden

September/Oktober
Anfang bis Mitte September *Internationale Haydntage* in Eisenstadt
Ende September bis Anfang Oktober *Internationales Brucknerfest* in Linz
Oktober ☧ *Steirischer Herbst* (Avantgardefestival) in Graz
Mitte Oktober *Winzerumzüge* nach der Lese in allen Weingebieten
Mitte bis Ende Oktober *Filmfestival Viennale*, Wien

Der Hexentanz ist ein uralter Fasnachtsbrauch

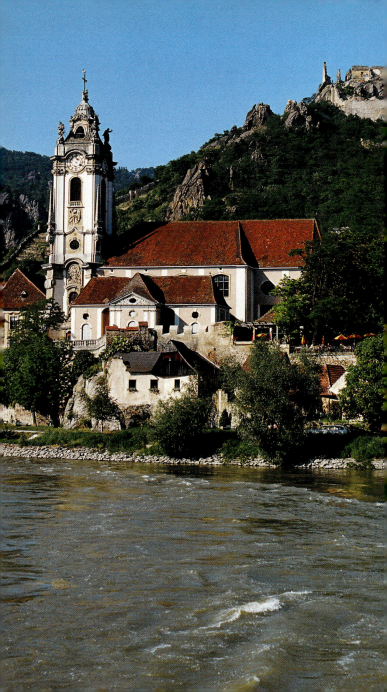

BURGENLAND, NIEDERÖSTERREICH UND WIEN

Im Osten was Neues

Seit dem Fall des Eisernen Vorhangs ist das bisher fast hermetisch abgeriegelte Ostösterreich wieder zu einem Mittelpunkt Europas geworden

Wer Ostösterreich sagt, der muß zunächst auch Wien sagen. Denn obwohl die Stadt, rein politisch gesehen, ein eigenes Bundesland mit eigener Verwaltung ist, ist seine kulturelle Strahlkraft auf die umliegenden Gebiete Niederösterreichs und des Burgenlandes doch so groß, daß man Wien und sein Umland nicht ganz voneinander getrennt sehen darf.

Da es bereits einen eigenen Marco Polo Reiseführer für Wien gibt, wollen wir über die Hauptstadt und den Mittelpunkt des einstigen kaiserlichen Österreichs in diesem Führer nur das Allerwichtigste aussagen und uns dafür vermehrt dem Umland widmen.

Die berühmte Stiftskirche in Dürnstein bei Krems

Beginnen wir also mit dem Burgenland, das — wie schon der Name andeutet — seit jeher Österreichs mit zahlreichen trutzigen Burgen befestigte Bastion gegen Osten war.

In landschaftlicher Hinsicht fällt das Burgenland völlig aus dem Bild, das sich der Tourist von Österreich macht. Es gibt weder Berge noch Almen, und wären da nicht das Rosalien- und das Leithagebirge, die die Steppenlandschaft des pannonischen Beckens zumindest an den Rändern mit sanften Hügelketten einrahmen, man könnte meinen, das Burgenland liege irgendwo in den Niederlanden. Ein Eindruck, der sich durch die Größe des wind- und wellenbewegten Neusiedlersees noch verstärkt.

Niederösterreich ist trotz vieler landschaftlicher Besonderheiten kein Land für eine Liebe auf

---

Hotel- und Restaurantpreise

Hotels
Kategorie 1: über 120 Mark
Kategorie 2: 60—120 Mark
Kategorie 3: unter 60 Mark
Die Preise gelten für eine Person im Doppelzimmer mit Frühstück

Restaurants
Kategorie 1: über 80 Mark
Kategorie 2: 40—80 Mark
Kategorie 3: unter 40 Mark
Die Preise gelten für ein dreigängiges Menü mit Wein, Bier oder Most

den ersten Blick. Andere Bundesländer mögen markantere Gebirgszüge und schönere Badeseen ihr eigen nennen. Doch Niederösterreich ist ein Land für den Connaisseur, der das Besondere sucht.

Gewiß: Manches in Niederösterreich, aber auch im Burgenland, funktioniert ein wenig langsamer und gemächlicher als anderswo. Doch gerade am Land hat man den Eindruck, daß die Bevölkerung noch im Einklang mit der Zeit lebt – was man von anderen, bei Touristen populäreren Gebieten Österreichs leider nicht immer behaupten kann.

EISENSTADT

Die Hauptstadt (11.000 Ew.) des Burgenlands ist eigentlich eine Notlösung, weil der organisch gewachsene Hauptort der Region, Ödenburg (heute: Sopron) den Burgenländern bei der Teilung des Landes 1921 abhanden kam. Man darf sich unter Eisenstadt daher keine bedeutende Metropole vorstellen, sondern eher ein kleines Landstädtchen, das vor allem von einem Namen geprägt wurde und wird: jenem des Fürstenhauses Esterházy.

Schon 1622 wurde die ganze Stadt von Kaiser Ferdinand II.

MARCO POLO TIPS FÜR BURGENLAND, NIEDERÖSTERREICH UND WIEN

1 Neusiedlersee
Der einzige Steppensee Mitteleuropas ist ein einzigartiges Biotop (Seite 35)

2 Seewinkel
Das Weltnaturschutzgebiet des World Wide Fund for Nature, rund um die »Lange Lacke« und den »Zicksee« (Seite 35)

3 Dürnstein
Das Donauidyll rund um König Richard Löwenherz und seinen treuen Vasall, dem sagenhaften Sänger Blondel (Seite 40)

4 Melk
Das weltberühmte Benediktinerkloster am Eingang der Wachau (Seite 41)

5 Wiener Hofburg
Das kaiserlich-königliche Panoptikum von der Schatzkammer bis zur Hofreitschule (Seite 44)

6 Schloß Schönbrunn
Kaiserin Maria Theresias »Versailles vor der Haustür« liegt heute mitten in der Stadt (Seite 45)

7 Stephansdom
Eine der schönen gotischen Kathedralen Europas mit 137 m hohem Turm und entsprechender Aussicht (Seite 45)

8 Schöngrabern
Die sogenannte »Steinerne Bibel« im Weinviertel ist eines der alten Gotteshäuser Österreichs (Seite 49)

BURGENLAND, NIEDERÖSTERREICH UND WIEN

Bergkirche Maria Heimsuchung in Eisenstadt

der ungarischen Fürstendynastie übergeben, die sich freilich nicht nur durch eigene Leistungen, sondern durch die Förderung eines fürstlichen Lakaien unsterblich machte. Joseph Haydn, neben Mozart und Beethoven eine der drei Stützen der »Wiener Klassik«, wirkte hier als Hofkapellmeister. (L3)

BESICHTIGUNGEN

Bergkirche mit Kalvarienberg
Die Barockkirche Maria Heimsuchung heißt, nach der Grabstätte des Komponisten und der nach ihm benannten Haydnorgel im Volksmund längst Haydnkirche. Bemerkenswert ist sie vor allem durch den zu Beginn des 18. Jhs. rund um das Gotteshaus gebauten Kalvarienberg mit seinen von volkstümlichen Realismus geprägten Kreuzwegstationen. *Kalvarienbergplatz, Kirchengasse*

Esterhazy-Schloß
Auf den Grundfesten einer alten Wasserburg schuf der bedeutende Barockbaumeister Carlo Martino Carlone um 1672 hier eines seiner herausragenden Bauwerke. Im nach dem Genius loci benannten Haydn-Saal wurden auf Wunsch des Komponisten zur Verbesserung der Akustik Holzböden und Holzsäulen eingebaut. *Esterhazy-Platz*

MUSEEN

Burgenländisches Landesmuseum
Geboten wird ein Streifzug durch die burgenländische Landeskunde von der Steinzeit in die Gegenwart. Unbedingt ansehen sollte man den Mosaik-Fußboden aus der Römerzeit, die al-

ten Zunfttruhen- und Zeichen, das Weinmuseum sowie die Haydn-Orgel. *Museumsgasse 1–5, tgl. außer Mo 9–12 und 13–17 Uhr, Eintritt 20 ÖS*

Haydn-Museum
Haydns Wohnhaus in den Jahren 1766 bis 1778 wurde als Museum gestaltet und beherbergt zahlreiche Partituren, Instrumente sowie Gegenstände aus dem persönlichen Besitz des Komponisten. *Joseph-Haydn-Gasse 21, geöffnet von Ostern bis Ende Okt., von 9–12 und 13–17 Uhr, Eintritt 20 ÖS*

RESTAURANT

Taubenkobel
Romantisch in einem pannonischen Winzerhaus gelegenes Restaurant mit einer der hervorragenden Küchen des Burgenlandes, 4 km von Eisenstadt entfernt. *Schützen am Gebirge, Hauptstraße 33, Tel. 02684/2297, Mo und Di abend geschl., tgl. von 12 bis 14.30 und 18–21.30 Uhr, Kategorie 1–2*

HOTELS

Burgenland
Modernes, gut geführtes Vier-sternehotel im Zentrum. 88 Zi. *Schubertplatz 1, Tel. 02684/696, Kategorie 2*

Ohr
Gutbürgerlicher Gasthof mit schönen Zimmern und guter Küche. 28 Zi. *Ruster Straße 51, Tel. 02682/62460, Kategorie 3*

AUSKUNFT

Touristeninformation
Hauptstraße (neben dem Rathaus), Tel. 02682/2507, 2710

ZIEL IN DER UMGEBUNG

Römersteinbruch St. Margarethen
Auf einer Fläche von fast 150 000 qm erstreckt sich dieser Steinbruch, aus dem die Römer das Material zur Erbauung von Carnuntum bezogen. Sogar der Wiener Stephansdom verdankt seine Existenz dem hier gebrochenen Sandstein, der auch im

Rust. Die kleinste Stadt Österreichs am Neusiedlersee

BURGENLAND, NIEDERÖSTERREICH UND WIEN

Zentrum des alljährlich hier stattfindenden, weltberühmten »Bildhauersymposions« steht; in Intervallen finden hier auch Passionsspiele statt. (M 3)

NEUSIEDLERSEE

★ Der einzige Steppensee Mitteleuropas ist ein Biotop von weltweiter Bedeutung, und es ist wohl mehr als nur Zufall, daß der österreichische Anthropologe und Nobelpreisträger Konrad Lorenz dieses Gebiet in den Mittelpunkt seiner Forschungen stellte. Der Neusiedlersee, das Herzstück Pannoniens, gilt als »See der Rätsel«. Der 36 km lange, zwischen 7 und 15 km breite See, dessen tiefste Stelle nicht mehr als 1,5 m mißt, war in den Jahren 1867 bis 1871 komplett ausgetrocknet, kehrte dann aber »über Nacht« zurück. Der Neusiedlersee, dessen Wasser schwach salzig ist — was den Eindruck, am Meer zu sein, noch weiter verstärkt — wird von einem 130 qkm großen Schilfgürtel umschlossen und kann daher auf keinerlei Uferstraße umfahren werden. (M 3)

ORTE UND BESICHTIGUNGEN

Neusiedl am See
Am Nordufer des Neusiedlersees ist vor allem die »Fischerkanzel« in der Dreifaltigkeitskirche von kulturhistorischem Belang. Über der Stadt liegt die ◀▷ *Ruine Tabor*, von der aus man einen schönen Rundblick über den See genießen kann. (M 3)

Rust
Die kleinste Stadt Österreichs gilt europaweit als Inbegriff vorbildlichen Denkmalschutzes. Die architektonischen Ensembles dieses am Westufer des Neusiedlersees gelegenen Städtchens sind heute noch völlig intakt. Und zur Sommerszeit wird die Attraktivität der Renaissance- und Barockfassaden auch noch dadurch erhöht, daß sich auf fast jedem Kamin einer der berühmten »Ruster Störche« sein Domizil einrichtet. (M 3)

Seewinkel
★ Das Ostufer des Neusiedlersees mündet in den sogenannten »Seewinkel«, ein Weltnaturschutzgebiet unter dem Patronat des World Wide Fund for Nature. Die unzähligen soda- und glaubersalzhaltigen Seen und Lacken, deren bedeutendste die »Lange Lacke« und der »Zicksee« sind, machen die Landschaft zu einem einzigartigen Vogelparadies und vermitteln der Luft in diesem Gebiet eine mediterrane Note. Mit einem Jahresmittel von 10 Grad Celsius ist der Seewinkel Österreichs wärmste Gegend, was sich auch auf den Weinbau auswirkt. Die Hauptorte des Seewinkels sind Apetlon, Mönchhof, Gols, Frauenkirchen, St. Andrä und Illmitz (M 3). Die bekanntesten Neusiedlerseebäder sind Podersdorf und Weiden.

MUSEUM

Seemuseum Neusiedl
Unmittelbar am See gelegen ist diese anschauliche Zusammenfassung der pannonischen Flora und Fauna. Was man sonst nur mit dem Fernrohr sieht, kann man hier, wenn auch ausgestopft, aus der Nähe betrachten: Rohrdommeln, Fischadler und Pur-

purreiher. Damit alles noch ein wenig lebendiger wirkt, kommt vom Tonband der Vogel-O-Ton. *Neusiedl, Am Strandbad, geöffnet Ostern bis Ende Okt. 9—12 und 13—17 Uhr, Eintritt 10 ÖS*

RESTAURANTS

Alte Backstube, Rust
Nur ein paar Tische in einem Winzigstlokal im Obergeschoß der Ruster Bäckerei. Ambitionierte Küche und Weinkultur. *Rust, Kirchgasse 3, Tel. 02685/6405, Do geschl., tgl. von 12—14.30 und 18—21.30 Uhr, Kategorie 2*

Am Spitz, Purbach
Altes Kloster in herrlicher Lage über dem See mit hervorragender pannonischer Küche. *Purbach, Waldsiedlung 2, Tel. 02683/5519, Mo geschl., tgl. von 12—14.30 und 18—21.30 Uhr, Kategorie 2—3*

EINKAUFEN

Die Schilfrohrverwertung zählt zu den wichtigen Wirtschaftszweigen der Region. Geflochtene Körbe, Matten und kunsthandwerkliche Gegenstände gibt es in praktisch allen Seeorten. Viele Geschäfte (u. a. der große *Souvenirshop im Römersteinbruch St. Margarethen*) führen auch die berühmte Keramik aus Stoob. Und in den Schmuckboutiquen findet man wunderschöne Arbeiten aus Bernsteiner Edelserpentin (Jade).

HOTELS

Seehotel Rust
Sehr gut geführtes Hotel mit direktem Seezugang durch eigenen Schilfkanal. 89 Zi. *Rust, Am Seekanal 2—4, Tel. 02685/381, Kategorie 1—2*

Ein Biotop von weltweiter Bedeutung ist der Neusiedlersee

BURGENLAND, NIEDERÖSTERREICH UND WIEN

Wende, Neusiedl
Modernes und kühles, aber mit allem Komfort ausgestattetes Großhotel direkt am See. 105 Zi. *Neusiedl, Seestraße 40–42, Tel. 0 21 67/81 11, Kategorie 2*

SPIEL UND SPORT

Der Neusiedlersee gilt wegen der optimalen Windlage als »das« österreichische Paradies für *Segler* und *Surfer* schlechthin. Der nächstgelegene *Golfplatz* ist in *Donnerskirchen* (18 Löcher). *Reiten* kann man in der *Neusiedler Csárda* in *Neusiedl* am See.

AUSKUNFT

Touristeninformation Rust
Konradplatz 1, Tel. 0 26 85/2 02

Touristeninformation Neusiedl
Hauptplatz 1, Tel. 0 21 67/22 29

ZIELE IN DER UMGEBUNG

Frauenkirchen
Vor allem bei Hochzeitern beliebt ist die Wallfahrtskirche Maria Himmelfahrt, eine der herausragenden Barockkirchen Österreichs. Das Gnadenbild der Muttergottes aus Lindenholz stammt vermutlich aus dem 13. Jh. (M3)

Halbturn
Lukas von Hildebrandt, der Architekt des Wiener Belvedere, erbaute um 1711 diesen Lieblingsjagdsitz Kaiser Karls VI. Heute ist Halbturn vor allem wegen seiner kulturhistorischen Ausstellungen (jährlicher Themenwechsel) und dem angeschlossenen Schloßweingut bekannt. (M3)

ST. PÖLTEN

In der alten Donaumonarchie galt es nicht gerade als Privileg für einen Offizier, hierher versetzt zu werden. Zu sehr stand St. Pölten damals im Ruf des Provinziellen. Daran hat sich so lange nur wenig geändert, bis das Barockstädtchen an der Traisen plötzlich vor einigen Jahren per Volksabstimmung zur niederösterreichischen Landeshauptstadt (51.000 Ew.) gewählt wurde. Seither ist das St. Pöltener Selbstbewußtsein wesentlich gestiegen, obwohl die Einwohner der Stadt auch schon vorher wenig Grund für Minderwertigkeitskomplexe gehabt hätten. Welche Stadt könnte schon von sich behaupten, daß ihr Österreichs wohl berühmtester Barockbaumeister, Jakob Prandtauer, seinen städteplanerischen Stempel aufgedrückt hat? (K2)

BESICHTIGUNGEN

Domkirche
Sie gilt als eines der bedeutenden österreichischen Gotteshäuser der Barockzeit und wurde nach Entwürfen Prandtauers gebaut. Besonders bemerkenswert: der Kreuzaltar im nördlichen Seitenschiff. *Domplatz*

Rathaus
Das Bürgermeisterzimmer mit den berühmten Kaiserporträts ist gegen vorherige Anmeldung zugänglich. *Rathausplatz*

MUSEUM

Historisches Museum
Eine Übersicht über die Stadtentwicklung mit zahlreichen

Objekten aus habsburgischer Zeit wird durch volkskulturelle Elemente wie Hauszeichen und Einrichtungsgegenstände sinnvoll ergänzt. *Prandtauerstr. 2, geöffnet Di–Sa 10–17 und So 9–12 Uhr, Eintritt 20 ÖS*

RESTAURANTS

Galerie
Gilt als »erste Adresse« der Landeshauptstadt. Selbst der Bischof ist hier Stammgast. *Fuhrmanngasse 1, Tel. 02742/5 13 05, So und Mo geschl., tgl. von 12–14.30 Uhr und 18–21.30 Uhr, Kategorie 1–2*

Maria Kern
Typischer Landgasthof, etwas außerhalb St. Pöltens gelegen, mit solider, deftiger Hausmannskost. *Harlanderstraße 41, Tel. 02742/8 11 17, tgl. von 12–14.30 und 18 bis 21.30 Uhr, Kategorie 3*

HOTEL

Metropol
Modernes Viersternehotel im Zentrum, das einer Neo-Landeshauptstadt durchaus würdig ist. 86 Zi. *Schillerplatz 1, Tel. 02742/7 07 00, Kategorie 1*

SPIEL UND SPORT

Das *Alpenkurhotel Gösing* an der *Mariazellerbahn* bietet spezielle Arrangements zum Angeln in der wildromantischen Erlauf an. *(Tel. 02728/2 17)*

AM ABEND

Das Nachtleben St. Pöltens hat sich noch immer nicht zu einem nennenswerten gemausert. Wer am Abend etwas unternehmen will, der tut am besten daran, denselben im entzückenden kleinen *Stadttheater* am *Hauptplatz* zu verbringen, in dem auf beachtlichem Niveau Schauspiel, Operette und Oper gegeben werden.

AUSKUNFT

Touristeninformation
Rathausplatz 1, Tel. 02742/5 33 54

ZIELE IN DER UMGEBUNG

Herzogenburg
An der Erbauung des *Augustiner Chorherrenstiftes* hat fast die gesamte heimische Barock-Prominenz von Prandtauer bis Fischer von Erlach mitgewirkt. Das Kloster besitzt eine Sammlung von spätgotischen Flügelaltären und Werken aus der berühmten Donauschule. (K 2)

Lilienfeld
Eines der Juwele an Niederösterreichs berühmter Barockstraße. In der *Gemäldegalerie* befinden sich Kupferstiche von Dürer und Rembrandt. Lilienfeld ist übrigens auch die Wirkungsstätte des berühmten Skipioniers Matthias Zdarsky, der hier den ersten Torlauf der Weltgeschichte veranstaltete. (K 3)

KREMS

Krems in der Wachau — so hört und liest man es häufig, wenn von dieser mittelalterlichen Märchenstadt mit ihren Sgraffitohäusern, Hauszeichen, engen Gassen und schmiedeeisernen Schildern die Rede ist. Allein: Als Wachau bezeichnet man üblicher-

BURGENLAND, NIEDERÖSTERREICH UND WIEN

weise den Donauabschnitt zwischen dem Benediktinerstift Melk und der mittelalterlichen Stadt Krems. Wer Krems sagt, muß freilich auch *Stein* sagen. Gemeint ist die — als Altstadtensemble noch homogener erhaltene — einstige Schwesterstadt von Krems. Dazwischen liegt ein kleiner Verbindungsort mit dem bezeichnenden Namen *Und.* (K 2)

BESICHTIGUNGEN

Stadtpalais Gozzo
Das Haus des Stadtrichters Gozzo wurde im 13. Jh. nach dem Vorbild mittelalterlicher italienischer Palazzi erbaut und gilt als das vielleicht schönste Haus der Kremser Innenstadt. *Hoher Markt*

Piaristenkirche
Der »Kremser Schmidt«, der berühmte Genius loci der Stadt, hat in diesem Gotteshaus, in welches das Licht nur von rechts einfällt, zahlreiche Kunstwerke geschaffen. Besonders sehenswert: das Himmelfahrts-Gemälde am Rokoko-Hochaltar. *Frauenplatz*

Stadtpfarrkirche
Das dem hl. Veit geweihte Gotteshaus ist vor allem wegen der fünf Deckenfresken des als Kremser Schmidt bekannten Künstlers bemerkenswert. Das Altarblatt des nicht minder bedeutenden Michaelsaltar schuf Franz Anton Maulbertsch. *Pfarrplatz*

Steiner Altstadt
Das geschlossene alte Siedlungsbild von Stein zählt zu den besonders schönen erhaltenen alten Straßenensembles in Österreich. Insgesamt 113 Häuser liefern das authentische Bild einer mittelalterlichen Stadt. Sehenswert sind auch die *Minoriten*-und die *Pfarrkirche* sowie die gotischen Fresken in der Hofkapelle des *Göttweigerhofes* aus dem 13. Jh. Das *Haus Nr. 22* ist die einstige Wohn- und Arbeitsstätte des »Kremser Schmidt«.

Steiner Tor
»A. E. I. O. U. 1480« so verrät das Wahrzeichen von Krems gleich sein Gründungsdatum, um jedem, der es passiert, ohne falsche Bescheidenheit mitzuteilen: Alles Erdreich ist Österreich untertan.

MUSEEN

Historisches Museum und Weinbaumuseum
In der ehemaligen Dominikanerkirche ist ein sehr sehenswertes Museum. Der dreischiffige Bau (1260), der nach der Aufhebung des Klosters durch Josef II. zunächst ein Munitionsdepot und bis 1921 ein Theater beherbergte, birgt heute u.a. eine Sammlung mittelalterlicher Kunst im Chorraum, barocke Plastiken im rechten Seiten- und im Mittelschiff, eine Kremser-Schmidt-Werkausstellung im linken Seitenschiff, eine stadtgeschichtliche Sammlung im Kreuzgang und das Weinbaumuseum im Nord- und Westflügel des ehemaligen Klosters. *Dominikanerplatz, geöffnet Di—Sa 9—12 und 14—17 Uhr, So und Fei 9—12 Uhr, Eintritt 25 ÖS*

Schiffahrtsmuseum Spitz
Im barocken Erlahof ist eine ausführliche Dokumentation der

Donauschiffahrt, insbesondere auch der historischen Salzschifffahrt untergebracht. *Auf der Wehr 21, geöffnet von April—Okt. tgl. 10 bis 12 und 14—16 Uhr, So von 10 bis 12 und 13—17 Uhr, Eintritt 30 ÖS*

RESTAURANTS

Goldenes Kreuz

Gutbürgerlicher Gasthof mit ebensolcher Küche und angenehmen Fremdenzimmern, unweit vom Zentrum gelegen. *Langenloiser Str. 4, Tel. 0 27 32/8 21 27, tgl. von 12—14.30 und 18—21.30 Uhr, Kategorie 2—3*

Loibnerhof

Hervorragende Wachauer Küche im großen und schönen Gastgarten an der Donau. Die grandiosen Eigenbauweine zählen zu Österreichs besten. *Unter-Loiben 7, Tel. 0 27 32/82 89 00, tgl. von 12—14.30 und 18—21.30 Uhr, Kategorie 2*

Pritz (Zum Schwarzen Bären)

Landestypische Küche in alten Gewölben, zu soliden Preisen und auf mehr als nur solidem Niveau. Angeschlossen ist ein mit modernem Komfort ausgestattetes Hotel. *Emmersdorf / Wachau, Tel. 0 27 52/7 12 49, tgl. von 12—14.30 und 18—21.30 Uhr, Kategorie 2—3*

EINKAUFEN

Krems ist vor allem ein Zentrum des Weineinkaufs. Hier findet auch jährlich die Kremser Weinmesse statt. Einen Überblick verschafft man sich am besten im *Weinkloster Und*, wo man sich durch die Spitzenleistungen des österreichischen Weinbaus ge-

gen eine durchaus leistbare Gebühr »durchkosten« kann. Tradition hat auch der Wachauer Marillenbrand und -likör.

HOTELS

Am Förthof

»Gourmethotel« am eigentlichen Beginn der Wachau mit hervorragender Küche, Swimmingpool und Donaublick. 20 Zi. *Tel. 0 27 32/8 33 45, Kategorie 2*

Avance (Steigenberger)

〽 Luxushotel mit herrlichem Blick über Krems. 128 Zi. *Tel. 0 27 32/7 10 10, Kategorie 1*

AUSKUNFT

Undstraße 6, Tel. 0 27 32/8 26 76

ZIELE IN DER UMGEBUNG

Dürnstein

★ Fast noch berühmter als das malerisch in einen Felsen über der Donau hineingebaute Städtchen ist die Geschichte, die ihm zu Weltruf verhalf. Sie handelt von König Richard Löwenherz, der im 12. Jh. auf »Tyernstain« von seinen Widersachern, den Babenbergerherzögen, gefangengehalten wurde. Der Sage nach hat ihn sein treuer Vasall, der Sänger Blondel, in ganz Europa gesucht und in Dürnstein gefunden, wo ihn sein Herr an der Melodie erkannte, die er vor dem Kerkerfenster intonierte. Von der Burg, auf der er festsaß, stehen heute nur noch Ruinenreste, die freilich den Anstieg allein schon wegen des grandiosen 〽 Panoramas lohnen, das sich von der ehemaligen Hochburg aus auftut.

BURGENLAND, NIEDERÖSTERREICH UND WIEN

Besuchenswert ist jedoch keineswegs nur die Ruine, sondern auch das Städtchen mit seinem gotischen *Karner*, dem mittelalterlichen *Pranger* und der berühmten Stiftskirche, die der legendäre Propst Hieronymus Übelbacher selbst plante. Propst Hieronymus pflegte sich übrigens in jenem von Prandtauer erbauten »Kellerschlößl« von den Mühen seines Amtes zu erholen, in dem heute die Kooperative der »Freien Weingärtner Wachau« ihren Sitz hat. Für Verkostungs- und Einkaufsmöglichkeiten sowie Kellerführungen ist gesorgt. Weinproben finden von *Ende April bis Okt. tgl. um 9, 11, 14, 16 und 18 Uhr im Kellerschlößl* statt. (K 2)

Göttweig
Österreichs Monte Cassino ist eine veritable Gottesburg auf einem dichtbewaldeten Hügel gegenüber der Stadt Krems. Das *Benediktinerkloster* wurde 1083 vom Passauer Bischof Altmann gegründet und von Lukas von Hildebrandt barockisiert. Prunkstücke des Stiftes sind die Kaiserstiege mit Paul Trogers Deckenfresko, sowie das »Graphische Kabinett«, mit 28 000 Stichen die größte private Grafiksammlung Österreichs. (K 2)

Kamptal
Der mit Abstand größte Badesee Niederösterreichs ist ein Stausee und liegt bei *Ottenstein* am Oberlauf des Kamp. Ansonsten ist das Kamptal eher für »Weinseen« berühmt. Liegen in seiner Mitte doch die berühmten Weinorte Langenlois, Zöbing und Hadersdorf. Einen Überblick, wie der Wein, der dort allerorten wächst,

mundet, verschafft man sich am besten im *Ursin-Haus*, einem Weinzentrum mit Degustationsmöglichkeit im Zentrum von Langenlois. (K 1—2)

Mautern
Das »Spiegelbild von Krems« am anderen Ufer hieß früher Castrum Favianis und war einst die bedeutendste Römersiedlung an der Donau, woran heute noch die Ausgrabungen im *Römermuseum* in der *Kirchengasse* erinnern. Auch im Nibelungenlied ist das romantische kleine Städtchen erwähnt, in dem sich auch Österreichs ältestes Weingut, der Nikolaihof der Familie Saahs, befindet. Dessen Heurigenstüberl muß man zum Verkosten und Schlemmen unbedingt aufsuchen. (K 2)

Melk
★ Daß Umberto Ecos »Name der Rose« ausgerechnet hier beginnt, mag schon seinen Sinn haben. Denn Melk darf ohne Übertreibung als einer der imposanten Klosterbauten des christlichen Abendlandes bezeichnet werden. Wo sich heute das kaisergelbe Stiftsgebäude in der Donau spiegelt, stand noch bis Ende des 11. Jhs. eine Babenbergerburg. 1089 schenkte Leopold III. seine Residenz den Benediktinern. Doch trotz der schwungvoll-leichtfüßigen Renovierung durch Jakob Prandtauer und Franz Munggenast haftet dem Stift bis heute etwas Festungsartiges an. Melk gilt seit dem Mittelalter als Zentrum des europäischen Geisteslebens. Kunstschätze wie das goldene Melker Kreuz, die Kolomani-Monstranz oder der Wullersdorfer Al-

Das Benediktinerstift Melk beherbergt großartige Kunstschätze

tar weisen das Stift ebenso als eine der führenden Kulturstätten Österreichs aus wie die 80 000 Bände – darunter zahlreiche Handschriften – umfassende Stiftsbibliothek. Ein unbedingtes Muß für Habsburg-Fährtensucher ist die Besichtigung der vollständigen Herrschergalerie im Kaisergang über der Kaiserstiege. (K2)

Wachau

Die Wachau ist auch ohne die berühmten Orte an ihren Gestaden einen Ausflug wert, bei dem man das Tempo unbedingt drosseln sollte, damit einem auch ja kein Detail dieser berückenden Landschaft entgeht. Als »die schönsten 35 Kilometer Österreichs« – bezeichnen schwärmerisch veranlagte Wachau-Fans »ihren« Lieblingsabschnitt des Donaustroms zwischen Krems und Melk. Das steil ansteigende Stromtal mit seinen stufenförmig angelegten Weingartenterrassen besticht durch ein besonders mildes Klima, eine unvergleichliche Baumblüte während des Frühjahrs, eine rei-

BURGENLAND, NIEDERÖSTERREICH UND WIEN

che Marillenernte im Sommer und ein Landschaftsbild, das nicht nur Altphilologen an Arkadien erinnert.

Die Wachau, deren Weinbau bis in die Römerzeit zurückreicht, ist eine der ältesten Kulturlandschaften Österreichs. Gotische Kirchen, romanische Portale und barocke Lesehöfe gibt es zu beiden Seiten der Donau. (K 2)

Waldviertel

Strenggenommen liegen ja bereits der nördliche Teil der Wachau und auch die Gegend um Langenlois im sogenannten Waldviertel, das sich vom Donaustrom bis an die tschechische Grenze erstreckt.

Gmünd ist einer der Hauptorte des Waldviertels, eine alte, romantische Stadt, wenn auch nicht ganz so romantisch wie die beiden bezaubernde Städte Drosendorf und Weitra, in denen das Mittelalter Pause gemacht zu haben scheint.

Ein beliebtes Badeziel ist der *Herrensee* in Litschau, der größte der unzähligen Waldvierteler Teiche. Man sollte dem Waldviertel übrigens nicht den Rücken kehren, ohne zumindest einem der drei großen Waldviertler Stifte einen Besuch abgestattet zu haben. Die *Benediktinerabtei Altenburg* ist mit ihrer berühmten Krypta ein Zentrum des österreichischen Grotesk-Barock. Das *Prämonstratenserstift Geras* ist weithin für seine jährlich stattfindenden Hobby- und Handwerkskurse berühmt. Und *Stift Zwettl* beherbergt den ältesten, vollständig erhaltenen Kreuzgang Österreichs, der aus dem Jahr 1204 stammt. (J–K 1–2)

WIEN

Wien hat viele Namen: Mutter der Völker, Donaumetropole, Mongolendrüse Europas, Vorort des Balkans oder Zentrum der Heurigenseligkeit. Die Vielvölkerstadt der k.u.k. Monarchie stand seit dem Zusammenbruch des Kaiserreichs gewiß etwas im Abseits der Weltgeschichte und war in den 60er Jahren schon drauf und dran, ein überaltetes »Pensionopolis« zu werden, in dem der Zentralfriedhof als »größter Bezirk der Stadt« galt. Doch in den 80ern gelang es Wien (1,5 Mio Ew.) mit internationalen Ausstellungen wie »Wien um die Jahrhundertwende«, mit spektakulären Bauprojekten wie dem Hundertwasser- und dem Holleinhaus sowie mit einer boomenden Theater- und Musikszene und einer unerwarteten Renaissance der Wiener Küche wieder den Anschluß an den internationalen Städtetourismus zu finden, zu dessen liebsten Zielen es seither zählt.

Für eine Stadt, über die es so viel zu erzählen gibt, existiert selbstverständlich – wie erwähnt – ein eigener MARCO POLO Reiseführer. An dieser Stelle soll und kann also nur ein kursorischer Wien-Bummel erfolgen, der die Habsburgerstadt gewissermaßen im Reader's-Digest-Tempo durchmißt. (L 2)

BESICHTIGUNGEN

Belvedere

Prinz Eugen, den das Volkslied heute noch als den »edlen Ritter« besingt, ließ sich dieses Prunkschloß von Lukas von Hildebrandt bewußt auf einem Hügel über der Hofburg erbauen, um zu beweisen, daß nach den gewonnenen Türkenkriegen er und nicht der Kaiser der wichtigste Mann im Staate war.

Donner-Brunnen

Der in den Jahren 1736 bis 1739 von Georg Raphael Donner geschaffene Providentia-Brunnen am *Neuen Markt* gilt als schönster Brunnen Wiens.

Figaro-Haus

Das Haus, in dem Mozart seine »Hochzeit des Figaro« schrieb, ist heute eine Mozartgedenkstätte mit zahlreichen Originalhandschriften und persönlichen Gegenständen aus dem Besitz des Komponisten. *Domgasse 5, tgl. außer Mo 10—12.15 und 13—16.30 Uhr*

Haas-Haus

Direkt gegenüber dem Stephansdom befindet sich dieses nicht nur wegen seiner eigenwilligen Architektur mit der »Sprungschanze« ebenso vielbesuchte wie umstrittene Einkaufszentrum, das von den Wienern nach seinem Architekten meist »Holleinhaus« genannt wird. *Stephansplatz 12*

Hofburg

★ Es paßt ganz gut zur Geschichte Wiens, daß die Hofburg nicht von einem Wiener gegründet wurde, sondern vom böhmischen König Ottokar II. Seither wurde sie freilich in fast siebenhundertjähriger Habsburgerherrschaft gründlich »austrifiziert«. Die »Hofreitschule« des Lipizzanergestüts findet sich hier ebenso wie die Hofkapelle, in der die Wiener Sängerknaben jeden *Sonntag pünktlich um 9.25 Uhr* das Hochamt intonieren. Kaiser Franz Joseph I. baute die »Neue Burg« mit der Nationalbibliothek (5,3 Mio. Bände). Im Amalientrakt sind die ehemaligen Kaisergemächer, im Michaelertrakt die Hoftafel- und Silberkammer sowie im Schweizerhof die geistliche und weltliche Schatzkammer zu besichtigen. Und im sogenannten »Leopoldinischen Trakt« befinden sich — neben dem internationalen Konferenzzentrum — die Amtsräume des österreichischen Bundespräsidenten. *Besichtigungsräume tgl. von 8.30—16 Uhr, So und an Feiertagen von 8.30—12 Uhr geöffnet*

Hundertwasser-Haus

Der phantastische Realist Friedensreich Hundertwasser hat in der *Kegelgasse 36—38* einen schrill-bunten Gemeindebau geschaffen, auf dessen Dächern Bäume wachsen und in dem es keinen rechten Winkel gibt.

Kapuzinergruft

Die Familiengruft der Habsburger Kaiser spiegelt die individuellen Regierungsstile der einzelnen Herrscher wider. Die bedeutendsten Gegenpole sind der prunkvolle Raphael-Donner-Sarg des absolutistischen Karl VI. und der schlichte Kupfersarg des aufgeklärten Josef II. *Neuer Markt*

Karlskirche

Die von Karl VI. gestiftete und von Fischer von Erlach erbaute Kuppelkirche am *Karlsplatz* gilt als bedeutendster Barockbau Wiens. Einen reizvollen Kontrast dazu bietet der Brunnen von Henry Moore vor dem Kirchenportal.

BURGENLAND, NIEDERÖSTERREICH UND WIEN

Prater

Im »Wiener Prado« lustwandelten einst die kaiserlichen Herrschaften, bevor das Areal 1766 als Volksgarten freigegeben wurde. Heute befinden sich hier der größte Vergnügungspark Wiens mit dem Riesenrad und der Geisterbahn sowie ein riesenhaftes Freizeit-Areal, das von den Wienern als »Hyde-Park« an der Donau genützt wird. *Praterstern/Prater Hauptallee*

Schloß Schönbrunn

★ Ein »Wiener Versailles« sollte der Baumeister Fischer von Erlach schaffen, und die Pläne dafür hat er auch geliefert. Dann freilich ging den Kaisern das Geld für ihre Sommerresidenz aus, und es wurde nur eine »verkürzte Variante« gebaut, die gleichwohl imposant genug ist. Neben den Kaisergemächern mit ihrer prächtigen Rokoko-Ausstattung sollte man unbedingt die Wagenburg, den Tiergarten, das Palmenhaus und den ausladenden Park mit der Gloriette und jenem »schönen Brunnen« besichtigen, nach dem die ganze Anlage benannt ist. *Schönbrunner Schloßstraße 13 Geöffnet April–Juni 8.30–17 Uhr, Juli–Sept. 8.30–17.30 Uhr, Okt. 8.30–17 Uhr, Nov.–März 9–16 Uhr*

Stephansdom

★ 🌱 Das ursprünglich romanische Gotteshaus wurde zu Beginn des 14. Jhs. erbaut und gilt seither als eine der bedeutenden Kathedralen der Welt. Aus der romanischen Epoche stammen noch das Riesentor und die beiden Heidentürme. Meisterwerke der Wiener Gotik sind die sogenannte Dienstbotenmadonna, der Wiener Neustädter Altar und die Pilgram-Kanzel, in die der Baumeister und Steinmetz sein Selbstbildnis, den berühmten »Fenstergucker« eingearbei-

Die kaiserliche Sommerresidenz Schloß Schönbrunn in Wien

tet hat. Der 136,7 m hohe Süd-
turm ist der dritthöchste Kirch-
turm der Welt und ein Wahrzeichen Wiens, das auch mit einem
Lift befahren werden kann. *Stephansplatz 1*

MUSEEN

Albertina

Die größte Graphiksammlung
der Welt befindet sich gleich hinter der Staatsoper in einem auf
den Trümmern der Augustiner-
bastei errichteten Gebäude.
40 000 Zeichnungen und eine
Million Druckgrafiken werden
hier aufbewahrt und in ständig
wechselnden Einzelausstellun-
gen gezeigt. Glanzpunkte der
Sammlung sind Dürers »Beten-
de Hände« sowie der berühmte
»Dürerhase« sowie Arbeiten von
Rembrandt, Rubens und Mi-
chelangelo bis hin zu Egon
Schiele. *Augustinerstr. 1, geöffnet
Mo, Di, Do 10—16 Uhr, Mi 10—18
Uhr, Fr 10—14 Uhr, Sa und So 10
bis 13, Eintritt 45 ÖS*

Historisches Museum

Das Wiener Stadtmuseum ne-
ben der Karlskirche bietet einen
umfassenden Überblick über die
Stadtgeschichte von der Römer-
zeit über die Türkenbelagerung
bis zu den großen kulturellen
Leistungen des Wien um die
Jahrhundertwende, von Makart
bis Schiele, von Bruckner bis
Berg. *Karlsplatz, geöffnet tgl. außer
Mo von 9—16.30 Uhr, Eintritt 30
ÖS*

Kunsthistorisches Museum

Einen umfassenden Überblick
über 5000 Jahre abendländi-
scher Kulturgeschichte vermittelt diese Sammlung von Plasti-

ken und Gemälden, die zu den
bedeutenden der Welt zählt. Der
Bogen reicht von der Ägypti-
schen Sammlung mit dem Kopf
Thutmosis III. über Plastiken
wie das berühmte Salzfaß des
Benvenuto Cellini und ein
Münzkabinett mit einer halben
Million Objekte bis zur Gemäl-
degalerie mit Werken von
Brueghel, Rembrandt, Dürer,
Holbein, Rubens, Caravaggio,
Tizian, Tintoretto u. a. *Burgring 5,
geöffnet Di—Fr 10—18 Uhr, Sa und
So 9—18 Uhr, Eintritt 45 ÖS*

Museum Moderner Kunst

Im Palais Liechtenstein des Ba-
rockbaumeisters Domenico Ma-
rinelli sorgt eine umfangreiche
Sammlung von Gegenwarts-
kunst, die von Roy Lichtenstein
bis Andy Warhol und Joseph
Beuys reicht, für einen eigenwilligen zeitgenössischen Kontrast.
*Fürstengasse 1, geöffnet tgl. außer Mi
10—18 Uhr, Eintritt 50 ÖS*

Naturhistorisches Museum

Der architektonische »Zwilling«
des gegenüberliegenden Kunst-
historischen Museums liefert
den naturwissenschaftlichen Ge-
genpol dazu. Eine geologisch-pa-
läontologische, eine botanische,
eine zoologische sowie eine
30 000 Schädel und Skelette umfassende anthropologische Abteilung geben einen umfassenden Überblick über Erd- und
Entwicklungsgeschichte. Das
wohl wertvollste Stück der
Sammlung ist die 22 000 Jahre alte Steinplastik einer vielbrüsti-
gen Fruchtbarkeitsgöttin, die
nach ihrem Fundort als »Venus
von Willendorf« bezeichnet
wird. *Burgring 7, geöffnet tgl. außer
Di von 9—18 Uhr, Eintritt 80 ÖS*

BURGENLAND, NIEDERÖSTERREICH UND WIEN

Österreichische Galerie

Im Oberen Belvedere ist eine Sammlung von österreichischer Malerei des 19. und 20. Jhs. mit Werken von Waldmüller, Schwind, Kokoschka, Klimt, Schiele u.a. eingerichtet. *Prinz-Eugenstr. 27, geöffnet tgl. außer Mo von 10—16 Uhr, Eintritt 60 ÖS*

RESTAURANTS

Do & Co im Haas-Haus

◁▷ ✆ Der In-Treff im In-Haus mit Steffl-Blick, hervorragenden Fischen und Meeresfrüchten sowie Alt-Wiener Mehlspeisen. Tischreservierung empfiehlt sich. *1. Bezirk, Stephansplatz 12, Tel. 01/535 39 69, tgl. 12—14.30 und 18—21.30 Uhr, Kategorie 1—2*

Figlmüller

Das größte und schönste Wiener Schnitzel der Stadt, serviert in einem romantischen Durchhaus. *1. Bezirk, Wollzeile 5, Tel. 01/512 61 77, tgl. 12—14.30 und 18 bis 21.30 Uhr, Kategorie 2—3*

Hietzinger Bräu

Das Wiener Rindfleischparadies im Nobelbezirk Hietzing. *13. Bezirk, Auhofstraße 1, Tel. 01/877 70 87, tgl. 12—14.30 und 18 bis 21.30 Uhr, Kategorie 2*

EINKAUFEN

Antiquitäten kauft man am besten im Viertel zwischen *Graben* und *Neuem Markt* oder auf dem jeden *Samstag am Naschmarktgelände* an der *Wienzeile* stattfindenden Flohmarkt. Die mondänste Einkaufsstraße ist die *Kärntner Straße*, u.a. mit dem Modehaus Adlmüller, dem Textilgeschäft Backhausen und der Glasbläserei Lobmeyr. Etwas günstiger ist die längere und weniger exklusive *Mariahilferstraße* mit den großen Kaufhäusern Gerngroß und Hertmansky. Im südlichen Wiener Vorort *Vösendorf* befindet sich die SCS (Shopping City Süd), ein vor allem auch von den Einheimischen geschätztes Einkaufszentrum. Der größte Wiener Markt ist der *Naschmarkt*, bei dem die Preise vom *Karlsplatz* zur *Stadtbahnstation Kettenbrückengasse* hin immer niedriger werden.

HOTELS

Altwienerhof

Kleines, feines Stadthotel in Westbahnhofnähe, sehr gute Küche, liebevoll ausgestattete 26 Zimmer. *15. Bezirk, Herklotzgasse 6, Tel. 01/892 60 00, Kategorie 2*

Kaiserin Elisabeth

Zentral gelegenes Hotel mit traditioneller Atmosphäre, dem sein Name noch vom Kaiserhaus verliehen wurde. 63 Zi. *1. Bezirk, Weihburggasse 3, Tel. 01/515 26, Kategorie 1—2*

Fürst Metternich

Kleines, familiäres Hotel in der *Mariahilferstraße* (28 Zi.) mit dem *Barfly's Club*, der allerbesten American Bar von Wien. *6. Bezirk, Esterhazygasse 33, Tel. 01/588 70, Kategorie 2*

AM ABEND

Das Wiener Nachtleben ist, wie man sich etwa in der *Edenbar (Liliengasse 2)* oder im *Moulin Rouge* in der *Walfischgasse* überzeugen kann, besser als sein Ruf. Die meisten Gäste zieht es jedoch in den Abendstunden weniger in Night-Clubs als hinaus in die Heurigenorte. Wer dem Touristenrummel von Grinzing, Nußdorf und Neustift entfliehen will, der weiche besser auf die Heurigenorte jenseits der Donau, beispielsweise nach ⚔ *Stammersdorf* aus, wo er vorzugsweise Einheimische finden wird. Für alle, die sich lieber in der Innenstadt amüsieren, gibt es das berühmte »Bermuda-Dreieck« zwischen *Schwedenplatz* und *Ruprechtskirche* mit seinen feuchtfröhlichen Eckpfeilern wie *Ma Pitom*, *Roter Engel* und dem Bierlokal *Krah-Krah*. Die kultivierteste Art, in Wien den Abend zu gestalten, ist zweifellos das breit gefächerte Theater- und Konzertangebot in *Burgtheater, Staatsoper, Josefstadt, Musikverein* und *Konzerthaus. Musicals* werden im *Theater an der Wien* und im *Raimundthea-*

ter gespielt, Avantgarde gibt's im *Schauspielhaus* in der *Porzellangasse*. Und die erfrischendste Methode, einen Abend in Wien zu beschließen, ist noch immer in der mittlerweile legendären *Reissbar* in der *Marco d'Aviano-Gasse*, mit Blick auf den Donnerbrunnen, bei einem Glas Sekt.

AUSKUNFT

Wien-Information
Kinderspitalgasse 5, Tel. 01/ 58 86 60
Ausführliche Informationen finden Sie im Marco Polo Reiseführer »Wien«.

ZIELE IN DER UMGEBUNG

Baden
Der berühmte Kurort am Fuße des Anninger atmet noch das Flair der Jahrhundertwende und

---

Der Heurige ist nicht nur ein Wiener

»Heut kummen d'Engerln auf Urlaub nach Wien«, heißt es im Heurigenlied, doch in Wahrheit kommen sie keineswegs nur nach Wien, sondern genauso ins Burgenland, in die Wachau oder auf die südsteirische Weinstraße. Der »Heurige« ist eine österreichische Institution, benannt nach dem jungen Wein, der meist gar nicht auf Bouteillen abgezogen wird, sondern auf sogenannte »Doppler« (2-Liter-Flaschen), die nicht in den Verkauf gelangen, sondern ausschließlich in der Buschenschank in »Vierteln« ($^1/_4$- l-Gläsern) oder als »G'spritzter« (halb Soda, halb Wein) ausgeschenkt werden. Der Reisigbuschen über der Tür des Winzerhauses geht auf eine Verordnung Kaiser Josef II. zurück, der den Weinbauern in einem eigenen Edikt die Erlaubnis erteilte, ihren Wein für jeweils einige Wochen des Jahres auch ohne eigene Gastgewerbekonzession auszuschenken. Während man früher die »Jaus'n« zum Heurigen selbst mitbrachte (was nur noch in sehr ländlichen Betrieben von den Heurigenwirten ohne Mißvergnügen gesehen wird), gibt es heute meist üppige Heurigenbuffets, bei denen weder das Backhendl noch der Schweinsbraten und der Liptauer — ein typischer Heurigenaufstrich aus Gervais, Paprika und Sommerschafkäse — fehlen dürfen.

BURGENLAND, NIEDERÖSTERREICH UND WIEN

der berühmten »Fledermaus«, die hier spielt. (L 3)

Carnuntum

Die bedeutendsten römischen Ausgrabungen rund um das sagenumwobene *Heidentor* liegen bei *Petronell*, ganz in der Nähe des Kurorts *Deutsch-Altenburg* an der Donau. (M 2)

Gumpoldskirchen

Den wunderschönen Weinort vor den Toren Wiens mit seinen zahllosen Heurigen in alten Renaissancehöfen sucht man am besten abseits der meist überlaufenen Wochenenden auf. (L 3)

Heiligenkreuz

Das Wienerwaldkloster der Zisterzienser wurde 1135 erbaut und nach einer hier aufbewahrten Reliquie des Kreuzes Christi benannt. Zur betont schlichten romanischen Stiftskirche schuf Angelo Canevale die barocken Anbauten. An der Klosterpforte kann man auch die Heiligenkreuzer Weine des Stiftsgutes Thallern bei Gumpoldskirchen erstehen. (L 3)

Klosterneuburg

Als »Wiener Escorial« wollte Kaiser Karl VI. dieses von Leopold dem Heiligen 1100 gegründete Donaustift der Augustiner Chorherren ausbauen, starb aber, bevor alle seine Pläne verwirklicht waren. Sehenswert sind das Grab des hl. Leopold, der berühmte Verduner Altar und die Schatzkammer mit dem Erzherzogshut. Am »Leopoldtag«, dem 15. November, findet in den weitläufigen Weinkellern des Stifts das traditionelle »Faßlrutschen« statt. (L 2)

Mayerling

Das Bewußtsein, sich am Ort der Tragödie von Mayerling zu befinden, wo der Thronfolger Kronprinz Rudolf unter geheimnisvollen Umständen mit seiner Geliebten Mary Vetsera Selbstmord beging, ist spektakulärer als das Jagdschlößchen mit dem angeschlossenen Kloster. (L 3)

Schöngrabern

★ Die romanische Pfarrkirche Schöngrabern nördlich von Hollabrunn im Weinviertel zählt zu den ältesten Sakralbauten Österreichs und wird wegen ihres archaischen Skulpturenschatzes an der Außenseite des Gotteshauses auch »Steinerne Bibel« genannt. (L 1)

Semmeringgebiet

Als »Dachterrasse Wiens« war dieses Gebiet, zu dem im weiteren Sinne auch *Rax, Schneeberg* und die *Hohe Wand* zählen, vor allem bei den Literaten der Jahrhundertwende beliebt. Viel von dem nostalgischen Flair ist — etwa im Grand Hotel Panhans — erhalten geblieben, auch wenn der Semmering seine Funktion als einer der noblen Kurorte der Welt seither etwas eingebüßt hat. (K 4)

Wiener Neustadt

Unter dem Hochaltar der Georgskapelle in der Militärakademie des alten Babenbergerstädtchens liegt Kaiser Maximilian I., der letzte Ritter, tatsächlich begraben, während sein berühmtes Mausoleum in der Innsbrucker Hofkirche nach wie vor leersteht. Sehenswert ist auch der Dom mit dem Brauttor aus dem 13. Jh. (L 3)

STEIERMARK, KÄRNTEN UND OSTTIROL

Am Semmering beginnt der Süden

Wer durch die Steiermark nach Kärnten fährt, merkt an vielen Indizien, daß Italien nicht mehr weit ist

Hinter dem Semmering beginnt eine andere Welt, sagen die Wiener. Und sie haben damit irgendwie recht. Einerseits meinen sie das vielzitierte »steirische Klima«, in dem vor allem politisch manches anders läuft, als man es in Wien gerne hätte. Andererseits ist der Klimaumschwung durchaus auch wörtlich zu verstehen. Wenn man den Semmering einmal hinter sich gelassen hat, beginnt nämlich der Süden. Das macht sich auf viele Weise bemerkbar. Bereits in Graz gibt es schon viel mehr Häuser im mediterranen Stil als in Wien, man findet mehr südliche Gerichte auf den Speisekarten, und die Südsteiermark trägt den Namen »steirische Toskana« mit vollem Recht. In den Vinotheken Klagenfurts findet man bereits mehr Weine aus Friaul als solche aus Österreich, und der Espresso beginnt allerspätestens in den Cafés von Villach, nach dem italienischen Original zu schmecken.

Erholung und Entspannung garantiert der warme Faaker See

Doch bleiben wir nach diesem kurzen Exkurs durch Österreichs »Italianità« zunächst noch in der Steiermark, dem südöstlichsten Bundesland, mit 16 337 qkm übrigens dem zweitgrößten nach Niederösterreich und dem einzigen, in dem es sowohl Gletscher als auch Wein gibt.

Die Landeshauptstadt Graz ist mit etwa einer Viertelmillion Einwohnern die zweitgrößte Stadt Österreichs und bildet das natürliche Zentrum des Landes.

Graz ist aber auch das Tor in die steirische Bergwelt, auch wenn das berühmte Ausseerland und die Dachsteinregion etwas weiter als den sprichwörtlichen »Katzensprung« entfernt sind.

Über den Packsattel gelangt man von der Steiermark ins benachbarte Kärnten, Österreichs südlichstes Bundesland mit den meisten statistisch erfaßten Sonnentagen. Es zählt mit einer Fläche von 9534 qkm und knapp über einer halben Million Einwohnern nicht zu Österreichs größten Bundesländern, dafür ist es überschaubar und läßt sich mit dem Pkw bequem binnen weniger Stunden durchmessen.

Kärnten ist vor allem das Land der 198 Seen, von denen die meisten im Sommer eine Temperatur zwischen 25 und 28 Grad Celsius erreichen, wodurch sich das Land an der Drau mit Recht einen Ruf als »Österreichs Lido« gemacht hat. In der Tat erinnern die großen Wörtherseebäder wie Pörtschach, Krumpendorf und Velden ein wenig an die bekannten Ferienorte an der Adria. Der Unterschied ist nur, daß Kärntens Seen, wie immer wieder stolz behauptet wird, im Gegensatz zum Mittelmeer Trinkwasserqualität aufweisen.

Daß wir Osttirol in diesem Kapitel und nicht gemeinsam mit Nordtirol behandeln, hat übrigens seinen Grund. Während sich Osttirol von Kärnten aus spielend über das Drautal erreichen läßt und mit Kärnten auch viele geologische und landschaftliche Gemeinsamkeiten aufweist, hat es seit den Verträgen von St. Germain im Jahre 1920 keine gemeinsame Grenze mit Nordtirol mehr und kann von dort nur über Salzburg oder Südtirol erreicht werden. Als Ausflugziel ist es daher dem Kärntenurlauber noch mehr als dem Tirolurlauber ans Herz zu legen.

AUSSEERLAND

Es mißt nur 400 qkm und zählt doch zu den bezaubernden Regionen der Steiermark, das sogenannte »Ausseerland«, das auch

---

MARCO POLO TIPS FÜR
STEIERMARK, KÄRNTEN UND OSTTIROL

1 Die Admonter Bibliothek
Die größte Stiftsbibliothek der Welt im alten Gesäuse-Kloster (Seite 54)

2 Grazer Landhaus
Ein beeindruckender Prunkbau der österreichischen Renaissance (Seite 55)

3 Mariazell
Die geschichtsträchtige »Magna mater Austriae« ist einer der meistbesuchten Wallfahrtsorte der Welt (Seite 57)

4 Südsteirische Weinstraße
Die »steirische Toskana« zwischen Leutschach und Ehrenhausen (Seite 58)

5 Dom zu Gurk
Eine der schönen romanischen Kathedralen Österreichs mit dem berühmten »Hemmastein« (Seite 60)

6 Hochosterwitz
Die Märchenburg, die sogar Walt Disney beeindruckte (Seite 61)

7 Faaker See
Nicht der größte, aber der schönstgelegene Kärntner See — mit dem berühmten Bildstockblick (Seite 66)

8 Schloß Porcia
Das Renaissance-Juwel mitten in Spittal an der Drau (Seite 67)

STEIERMARK, KÄRNTEN UND OSTTIROL

als »steirisches Salzkammergut« bekannt ist. Sein Mittelpunkt sind Bad Aussee, ein verträumter Kurort aus der Kaiserzeit, und dessen »Vorort« Altaussee, direkt am Altauseersee, einem der schönen Bergseen Österreichs. (G 4)

ORTE UND BESICHTIGUNGEN

Altausseersee
Nur ein paar Kilometer von Bad Aussee entfernt, am Fuße von Österreichs ergiebigstem Salzberg, dem Sandling, liegt dieser zwar eiskalte, aber glasklare, smaragdgrüne See, der sich bequem in zweieinhalb Stunden umrunden läßt. (G 4)

Bad Aussee
Das »zweite Karlsbad« der Donaumonarchie gelangte dank der Salzgewinnung schon im 13. Jh. zu Wohlstand. Davon künden noch heute das *Sgraffitohaus*, die alte *Steinmühle*, das *Meranhaus* und das *Salinenspital* mit der Spitalkirche aus dem 14. Jh. (gotischer Flügelaltar aus 1449). Im 600 Jahre alten *Kammerhofgebäude* am *Oberen Markt* ist ein *Heimatmuseum* untergebracht. (G 4)

Grundlsee
Es ist der größte See der Steiermark und sowohl als Angler-, Segler- wie auch als Surferzentrum vor der Dachsteinkulisse bekannt. (G 4)

Toplitzsee
Der märchenhaft gelegene, smaragdgrüne See galt lange Zeit als Eldorado für Taucher, die hier nach angeblich verborgenen Schätzen des Dritten Reiches suchten — was sich bislang allerdings als vergeblich erwies. (G 4)

MUSEUM

Heimatmuseum Bad Aussee
Das 600 Jahre alte Kammerhofgebäude, in dem früher die Salinenverwaltung untergebracht war, dient heute als Museum, in dessen Mittelpunkt eine bedeutende Trachtensammlung und eine höhlenkundliche Abteilung stehen. Außerdem sehenswert: der mit gotischen Fresken geschmückte »Kaisersaal«. *Chlumeckyplatz 1, geöffnet April, Mai, Juni, Okt. Mo, Mi, Fr 10—12 Uhr Juli, Aug., Sept. Mo—Sa 10—12 und 16—18 Uhr, So 10—12 Uhr, Eintritt 25 ÖS*

RESTAURANT

Grimmingwurz'n, Bad Mitterndorf
15 km von Bad Aussee entfernt liegt das beste Restaurant des Ausseerlandes. Ländliche Note und ambitionierte Küche. *Hellbrunnerstr. 354, Tel. 0 36 23/31 32, Mo, Di, Mi mittag geschl., geöffnet 12—14.30 und 18—21.30 Uhr, Kategorie 1—2*

HOTELS

Erzherzog Johann, Bad Aussee
Modernes Haus (62 Zi.) mit guter Küche. *Kurhausplatz 62, Tel. 0 36 22/5 25 07, Kategorie 2*

Hubertushof, Altaussee
Idyllisch gelegenes Jagdschlößl unter der sehr persönlichen Führung der Besitzerin, Gräfin Strasoldo. 9 Zi. *Puchen 86, Tel. 0 61 52/7 12 80, Kategorie 2*

SPIEL UND SPORT

Das unweit des Ausseerlandes gelegene Ennstal birgt rund um

das luxuriöse *Schloßhotel Pichlarn in Irdning* einen der schönen österreichischen Golfplätze und einen Reiterhof. *(Auskunft im Hotel. Tel. 0 36 82/2 28 41)*

AUSKUNFT

Touristeninformation
Hauptstraße 57, Gemeindeamt, Tel. 0 36 22/5 23 23

ZIELE IN DER UMGEBUNG

Admont
Die *Benediktinerabtei* aus dem Jahr 1074 wurde nach einem Brand neoklassizistisch wiederaufgebaut, erhalten blieb nur die größte Stiftsbibliothek der Welt, die ★ *Admonter Bibliothek*, mit einem Deckenfresko von Bartolomeo Altomonte. Zu den herausragenden Barockkirchen des Landes zählt die *Wallfahrtskirche* am gegenüberliegenden Frauenberg. (H 4)

Pürgg
Die kühn auf einen Felsen gebaute romanische *Basilika* ist vor allem auch wegen der daneben gelegenen *Johanneskapelle* mit ihrem byzantinisch beeinflußten Freskenschatz aus den Jahren 1160–65 bemerkenswert. (H 4)

Graz, die kleinstädtische Ausgabe von Wien

STEIERMARK, KÄRNTEN UND OSTTIROL

GRAZ

Auf den ersten Blick sieht Graz (243.000 Ew.) wie eine etwas verkleinerte Ausgabe von Wien aus. Auch hier gibt es eine Ringstraße mit einem prachtvollen Opernhaus. Viele der alten Bürgerhäuser in der *Herrengasse* könnte man sich so ähnlich auch am Wiener Graben vorstellen. Und in der Tat hat Graz der Bundeshauptstadt in mancher Hinsicht nachgeeifert und war sogar einmal — von 1438 bis 1453 — kaiserliche Residenz. Dennoch ist es freundlicher, kleinstädtischer und überschaubarer geblieben. Im Gegensatz zu Wien hat man es in Graz verstanden, den Fluß — die Mur — sinnvoll ins Stadtbild zu integrieren. Außerdem ist Graz eine der grünsten Städte, die sich denken lassen. Das beginnt bereits am mitten in der Stadt gelegenen *Schloßberg* mit dem Wahrzeichen der Stadt, dem *Uhrturm*. Es setzt sich fort im riesengroßen *Stadtpark*, eine der herausragenden innerstädtischen Parkanlagen in Österreich, der auch durch den hier angesiedelten Literatentreff »Forum Stadtpark« überregionale Geltung erhielt. (K 5)

BESICHTIGUNGEN

Burg
Die ehemalige Residenz Kaiser Friedrichs III. dient heute als Sitz der steirischen Landesregierung. Besonders sehenswert ist die gotische Doppelwendeltreppe aus dem Jahr 1499.

Dom
Der aus einer alten Kirchenfestung entstandene Dom war früher direkt mit der Burg verbunden und wurde erst 1786 Bischofssitz. Den Domturm ersetzt in Graz ein relativ unscheinbarer Dachreiter. Darunter verbergen sich aber ein großartiges Netzrippengewölbe, ein barocker Hochaltar und das berühmte »Landplagenbild« von Thomas von Villach (1485) an der Außenseite. *Bürgergasse, Hofg.*

Landhaus
★ Das architektonische Prunkstück von Graz wurde um die Mitte des 16. Jhs. von Domenico d'Allio geschaffen und gilt mit seinem an den venezianischen Dogenpalast erinnernden Rundbogenfenstern im Arkadenhof als einer der schönen Renaissancebauten Österreichs. Das Rundbogentor in der *Schmiedgasse* stammt noch aus dem Jahre 1494.

Mausoleum Ferdinands II.
Das an seinen drei Kuppeln erkennbare Grabmal wurde in den Jahren von 1614 bis 1638 von Pietro de Pomis errichtet, die prächtigen Stukkaturen im Inneren wurden, ebenso wie der Hochaltar, von Fischer von Erlach entworfen. *Bürgergasse, beim Dom*

Ständisches Zeughaus
Sie sind heute noch so »einsatzbereit« wie im Dreißigjährigen Krieg, nach dessen Ende das Zeughaus errichtet wurde, um sie in friedlichen Zeiten für weitere Kriege aufzubewahren: die 30 000 Landsknechtsharnische, Zweihänder, Hakenbüchsen, Panzerhemden und Feuerwaffen, die da in mehreren Stockwerken fein säuberlich neben-

einander angeordnet sind und ein schön-schauriges Anschauungsbild der Kriegführung in früherer Zeit vermitteln. *Herrengasse 16, geöffnet von April bis Okt. Mo–Fr 9–17 Uhr und Sa, So, Fei 9–13 Uhr, Eintritt 20 ÖS*

Uhrturm

Der 28 m hohe Turm aus dem Jahre 1561, der den 473 m hohen Schloßberg ziert und vom Murufer aus auch mit einer Standseilbahn *(Talstation, Kaiser-Franz-Josefskai)* erreicht werden kann, ist nicht nur das Wahrzeichen von Graz, sondern auch einer der letzten Überreste der Stadtfestung, die sich hier früher befand.

MUSEEN

Diözesanmuseum

Zahlreiche, vor allem gotische Kunstwerke werden hier als Leihgaben steirischer Gotteshäuser aufbewahrt. Das schönste davon ist die »Kreuzigung Christi« des Konrad Leib von Eislingen, das als wertvollstes österreichisches Tafelbild des 15. Jhs. gilt. *Mariahilferpl. 3, geöffnet Mo–Fr 10–12 und 13–16 Uhr, Eintritt 25 ÖS*

Joanneum

Das nach seinem Gründer Erzherzog Johann benannte Museum besteht aus dem *Lesliehof* in der *Raubergasse* und dem *Neuen Museum* in der *Neutorgasse.* Im Lesliehof findet man die pflanzenkundliche Sammlung, die Abteilung Mineralogie und Bergbau sowie frühgeschichtliche Funde und das Münzkabinett. Im Neuen Museum wurde eine Gemäldegalerie eingerichtet, die u. a. Werke von Tiepolo

und Tintoretto sowie die berühmte »Admonter Madonna« (1315) beherbergt. *Ganzjährig geöffnet, die einzelnen Abteilungen haben unterschiedliche Öffnungszeiten, Eintritt 25 ÖS*

Freilichtmuseum Stübing

Das schönste Freilichtmuseum Ostösterreichs liegt etwas nördlich von Graz und zeigt beeindruckende denkmalgeschützte bäuerliche Gehöfte, Wirtschaftsgebäude und Werkstätten, die aus allen Teilen Österreichs stammen und hier originalgetreu wieder aufgebaut wurden. *(K 4) Geöffnet von April bis Okt. tgl. außer Mo 9–16 Uhr*

RESTAURANTS

Jagawirt

Idyllisches Wirtshaus inmitten des nahen Schilcherlandes mit Produkten aus eigener Landwirtschaft. *Greisdorf, Sommereben 2, Tel. 0 31 43/81 05, durchgehend 11 bis 22.30 Uhr geöffnet, Mi geschl., Kategorie 2–3*

Kaiser Josef

Sehr nettes Bistro-Restaurant gleich hinter der Oper, leicht italienisch angehaucht, vielseitige und phantasievolle Küche. *Schlögelgasse 1, Tel. 03 16/81 25 12, Mo–Fr 12–14.30 und 18–24 Uhr, Kategorie 1–2*

Landhauskeller

Im schönsten Gebäude von Graz gibt es eine ausgezeichnete bodenständige Küche (besonders gut ist vor allem gekochtes Rindfleisch), Sommergarten im Arkadenhof. *Schmiedgasse 9, Tel. 03 16/ 83 02 76, tgl. außer So 11–22.30, Kategorie 2*

STEIERMARK, KÄRNTEN UND OSTTIROL

HOTELS

Erzherzog Johann
Schönes altes Stadtpalais mitten im Zentrum mit Restaurant in einem als Wintergarten umgestalteten Arkadenhof. 70 Zi. *Sackstraße 3–5, Tel. 03 16/81 16 16, Kategorie 1–2*

Ohnime di Gallo
Draußen in *Maria Trost* wunderschön gelegen, bietet das solide Familienhotel jeden Komfort. 40 Zi. *Purbergstraße 56, Tel. 03 16/ 39 11 43, Kategorie 2–3*

SPIEL UND SPORT

Gleich drei Golfplätze finden sich im Großraum Graz: 9 holes im *Golfclub Schloß Frauenthal* bei *Deutschlandsberg*, 27 holes auf *Gut Murstätten* in *Lebring*, und 18 holes am *Thermengolfplatz* in *Loipersdorf*. Info über »Golf Green Austria« *(Tel. 06 62/85 13 55)*

AM ABEND

In der Universitätsstadt Graz locken zahlreiche Stehbars und In-Lokale wie beispielsweise das *Limarutti* am *Färberplatz* oder das *Santa Clara* in der *Abraham-a-Santa-Clara-Gasse* dazu, den Abend inmitten der »jeunesse dorée« zu verbringen. Oper und Schauspielhaus sind sehr ambitioniert geführte Betriebe mit Mut zum Experiment. Und im *Glockenspielkeller* kann man immer wieder auch auf prominente Literaten treffen.

AUSKUNFT

Touristeninformation
Herrenstr. 16, Tel. 03 16/83 52 41-0

ZIELE IN DER UMGEBUNG

Maria Straßengel
Nördlich von Graz liegt diese gotische Wallfahrtskirche hoch über den Ufern der Mur. Ihre drei Chöre sind dem Wiener Stephansdom nachgebildet, der Hochaltar stammt von Fischer von Erlach. (K 4)

Mariazell
★ Die Basilika der »Magna mater Austriae« ist nicht nur eine der bedeutenden Wallfahrtskirchen der Welt, sondern galt jahrhundertelang als eigentliches spirituelles Zentrum des Habsburgerreiches. Über dem schlichten hölzernen und mittlerweile prunkvoll bekleideten Gnadenbild aus dem Jahr 1157 haben sich alle architektonischen Epochen verwirklicht. Die ältesten Teile der Kirche sind romanisch, der mittlere der drei Türme ist gotisch, die beiden Seitentürme sind so barock wie der Gnadenaltar Fischer von Erlachs. In jedem Fall lohnt sich auch eine Führung durch die — von zahlreichen gekrönten Häuptern mit wertvollen Votivgaben bestückte — Schatzkammer. (K 3) *Anfahrtszeit von Graz nach Mariazell: ca. 2 Autostunden*

Riegersburg
Als stärkste Festung der Christenheit wurde die Riegersburg häufig bezeichnet, die, auf einen 200 m hohen Felsen gebaut, weit über das oststeirische Land ragt. Die Geschichte der Burg mit ihren acht Bollwerken, fünf Toren und zwei Basteien ist eng mit Hexenverfolgungen und -prozessen verbunden, was auch die Gestaltung des *Burgmuseums*

prägt. Das architektonische Juwel der Riegersburg ist der *Rittersaal* mit der berühmten Hausorgel und einem Porträt der »Gallerin«, einer blutrünstigen Gräfin, die auch »die schlimme Liesl« genannt wird. (L 5) *Geöffnet vom 15. März–15. Nov. von 9–17 Uhr, Eintritt 50 ÖS*

Stainz

Zwischen Stainz und der Festungsstadt Deutschlandsberg breitet sich das weststeirische Schilcherland aus, das nach der hier angebauten, äußerst säurehaltigen »Blauen Wildbachrebe« benannt ist, aus welcher der zwiebelfarbene, roséartige »Schilcher« gekeltert wird. Der Wein prägt hier Menschen und Landschaft. Deren kulturelles Zentrum ist das ehemalige Augustiner Chorherrenstift Stainz, das auch eine der schönen ausgelagerten volkskundlichen Sammlungen des Grazer Joanneums beherbergt. (K 5) *Geöffnet von April–Okt., Di–Sa 9–17 Uhr, Eintritt 25 ÖS*

Südsteirische Weinstraße

★ Die »steirische Toskana« zählt zweifellos zu Österreichs schönen Landschaftsjuwelen. Sie verläuft im wesentlichen entlang der »südsteirischen Weinstraße«, die von *Leutschach* über *Gamlitz* nach *Ehrenhausen* (bemerkenswert ist hier die manieristische Bauweise des berühmten Mausoleums Rupprechts von Eggenberg) führt und sich im Sausalgebirge rund um Europas höchstgelegenen Weinort *Kitzeck* fortsetzt. Die trockenen, frischen und säurestarken steirischen Weine genießen einen ausgezeichneten Ruf. (K 6)

KLAGENFURT

Wenn man in den alten Sagen über die Stadt Klagenfurt (90.000 Ew.) stöbert, stellt man sich darunter ein romantisches Städtchen mit einem Hang zum Makabren vor. Totenweiber, sogenannte »Klaga«, sollen es gewesen sein, die der Stadt ihren Namen gaben. Und der Lindwurm, der heute, in Chloritschiefer gemeißelt, den *Neuen Platz* ziert, soll seinerzeit ganz wild auf die auch heute noch bekannt hübschen Klagenfurterinnen gewesen sein, bevor ihm mit Hilfe einer List das Handwerk gelegt wurde.

Wer dieser Tage durch Klagenfurt spaziert, gewinnt einen weit weniger romantischen Eindruck. Trotz vieler alter Bauwerke wie etwa dem berühmten *Landhaus* wirkt Klagenfurt niemals mittelalterlich, spitzwinkelig und verträumt, sondern eher wie eine durchaus sachliche Landesmetropole von heute. Moderne Geschäftsstraßen und Fußgängerzonen, ein schöner Markt und zahlreiche weitläufige Plätze prägen das Stadtbild. (H 6)

BESICHTIGUNGEN

Alter Platz

Im Herzen der Fußgängerzone gelegen, besticht dieses schöne städtebauliche Ensemble nicht nur durch die *Pestsäule* aus dem Jahre 1680, sondern auch durch die vielen alten Bürgerhäuser, deren schönstes jenes *Zur Goldenen Gans (Nr. 31)* ist.

Domkirche

Die früheste Wandpfeilerkirche Österreichs wird vom mächti-

STEIERMARK, KÄRNTEN UND OSTTIROL

gen Hochaltar mit einem Altarblatt von Daniel Gran und einem Christusbild von Paul Troger geprägt. Seit 1787 dient das sehenswerte Gotteshaus den Bischöfen von Gurk als Domkirche. *Domplatz*

Landhaus

Kernstück dieses wohl repräsentativsten Profanbaus der Stadt ist der berühmte Wappensaal mit Deckengemälden von Fromiller und Lobisser sowie den 963 Emblemen der einstigen Landstände. *Landhausplatz Besichtigung von Anfang April bis Ende Sept. Mo–Fr 9–12 und 13–18 Uhr*

Lindwurm-Denkmal

Das Wahrzeichen von Klagenfurt steht am *Neuen Platz* und wurde 1582–90 von Ulrich und Andreas Vogelsang aus einem einzigen Chloritschieferblock gemeißelt.

Minimundus

Die »kleine Welt am Wörthersee« ist ein Muß jedes Klagenfurt-Besuchs. Im Maßstab 1:25 wurden hier die berühmtesten Gebäude der Welt vom Taj Mahal bis zum Eiffelturm in einem sehenswerten Freilichtmuseum nachgebaut. *Villacherstr. 241 Geöffnet Juli und Aug. 8.30–20 Uhr (Mi bis 22.30 Uhr); Mai, Juni und Sept. 8.30–18 Uhr, April und Okt. 8.30–17 Uhr, Juli und Aug. 8–20 Uhr*

Stadtpfarrkirche

Vom 92 m hohen Turm des dem hl. Egyd geweihten barocken Gotteshauses genießt man einen phantastischen Panoramablick über Klagenfurt und den Wörther-See. *Stadtpfarrplatz*

MUSEEN

Diözesanmuseum

Österreichs größte Sammlung sakraler Kunst birgt vor allem wertvolle Plastiken, Handschriften und Reliquien sowie das älteste österreichische Glasgemälde aus dem Jahr 1170 und das berühmte Fastentuch aus Steierberg. *Lidmanskygasse 10, Tel. 0463/5 77 70, geöffnet tgl. außer So von 10–12 und (im Sommer) 15 bis 17 Uhr, Eintritt 20 ÖS*

Landesmuseum für Kärnten

Das Gebäude im Stil der Neorenaissance birgt eine umfassende landeskundliche Sammlung mit vielen prähistorischen Funden, Mineralien und einer übersichtlichen Darstellung der Kärntner Tierwelt. *Museumgasse 2, Tel. 0463/5 36-0, geöffnet Di–Sa 9–16 Uhr, So 10–13 Uhr, Eintritt 20 ÖS*

RESTAURANTS

A la Carte

Eines der besten Restaurants von Kärnten, in dem der »Koch des Jahres 1992« aufkocht. *Khevenhüllerstr. 2, Tel. 0463/51 66 51, Di–Sa von 12–14.30 und 18 bis 21.30 Uhr geöffnet, Kategorie 1*

Peterwirt

Uriges Wirtshaus mit ebensolcher Wirtin und landestypischer Küche. *Walddorf 1, Tel. 0463/4 26 46, Mo–Fr von 12–14.30 und 18–21.30 Uhr geöffnet, Kategorie 3*

Pisl

Hinter *Krumpendorf* liegt dieses echte Bauernwirtshaus in einem über 300 Jahre alten Gebäude, wo es die besten »Kasnudeln«

und »Fleischnudeln« Kärntens gibt. *Krumpendorf, Görtschach 5, Tel. 04229/2794, Di und Do geschl., geöffnet von 12–14.30 und 18 bis 21.30 Uhr, Kategorie 3*

EINKAUFEN

Die meisten Boutiquen gibt es rund um den *Alten Platz*, wo im Sommer von »fliegenden Händlern« auch Kunsthandwerk verkauft wird. Der Markt am *Benediktinerplatz* gilt, besonders *donnerstags* und *samstags*, wenn Bauernmarkt ist, als unbedingtes Muß. Folklore ohne Kitsch findet man im *Kärntner Heimatwerk* in der *Herrengasse, Kärntner Holzspielzeug* gibt es in einem Laden in der *St.-Peter-Str. 46*.

HOTEL

Dermuth
Etwas außerhalb, hoch über dem Wörthersee gelegenes Haus mit allem erdenklichen Komfort. 49 Zi. *Kohldorferstr. 52, Tel. 0463/21247, Kategorie 1*

SPIEL UND SPORT

Es gibt kaum eine Sportart, die man rund ums Freizeitparadies Wörthersee nicht betreiben könnte. Neben *Schwimmen, Segeln, Surfen* und *Drachenfliegen (Drachenfliegerclub Klagenfurt, Tel. 04224/29012)* gibt es einen *Golfclub* in Dellach am Wörthersee *(Tel. 04273/2515)*

AM ABEND

Das Nachtleben spielt sich in erster Linie rund um den Wörthersee ab, wo das *Spiel-Kasino Velden* als Mittelpunkt des Society-Treibens gelten darf. Weniger exklusiv, aber auch nicht schlecht hat man's im *Kamot*, einem Jazz- und Blueskeller in der Klagenfurter *Bahnhofstraße 9*.

AUSKUNFT

Touristeninformation
Neuer Platz 1, Tel. 0463/537223

ZIELE IN DER UMGEBUNG

Friesach
Die älteste Stadt Kärntens liegt am Fuße eines beeindruckenden Burgbergs und nennt mit der *Bartholomäuskirche*, dem *St. Josefskloster*, der *Deutschordenskirche* und der *Burgruine Lavant* auf dem *Petersberg* zahlreiche Kleinodien mittelalterlicher Kunst ihr eigen. In Friesach, das auch der Ausgangspunkt des idyllischen Metnitztales ist, finden alljährlich Burgfestspiele statt. (H 5)

Gurk
★ Der von der hl. Hemma gegründete *Gurker Dom* ist einer

Der prachtvolle Dom von Gurk

STEIERMARK, KÄRNTEN UND OSTTIROL

der schönen romanischen Kirchenbauten Österreichs und vor allem wegen der »hundertsäuligen« Krypta mit dem »Hemmastein«, des Gurker Fastentuchs und der prachtvollen Wandmalereien besuchenswert. (H 5)

Herzogstuhl
Nördlich von Klagenfurt an der Bundesstraße nach St. Veit findet man diesen doppelsitzigen Steinklotz aus dem 14. Jh., auf dem die Kärntner Herzöge inthronisiert wurden. *Zollfeld* (H 6)

Hochosterwitz
★ ↘↙ Walt Disney war von dieser Festung so beeindruckt, daß er sie als Vorbild für seine Märchen-Comics verwendete. Wer den mühsamen Aufstieg durch 14 Tore hindurch geschafft hat, wird mit herrlicher Fernsicht und der Besichtigung einer eindrucksvollen Waffenkammer belohnt. (H 6)

Karnburg
Auf den Fundamenten eines heidnischen Tempels 927 errichtete und dem hl. Ulrich geweihte, befestigte Kirche, die Kärnten seinen Namen gab. (H 6)

Magdalensberg
Römerzeitliche Ausgrabungen aus dem einstigen Zentrum des norischen Königreichs mit angeschlossenem Museum. (H 6) *Geöffnet von Mitte April bis Ende Okt. 8—18 Uhr, Eintritt 50 ÖS*

Maria Saal
Die spätgotische *Wallfahrtskirche* ist vor allem auch wegen des in die Außenmauer eingelassenen römischen Reliefsteins mit der berühmten »Postkutsche« se-

henswert. Gleich in der Nähe lohnt sich der Besuch eines bäuerlichen Freilichtmuseums. (H 6) *Geöffnet von Mai bis Sept. 10—18 Uhr, bis 26. Okt. 10—16 Uhr, Eintritt 25 ÖS*

St. Paul
Das 1091 gegründete *Benediktinerstift im Lavanttal* mit seiner romanischen Pfeilerbasilika, den Fresken des Thomas von Villach, der 50 000 Bände umfassenden Bibliothek und der angeschlossenen Kunstsammlung gilt als prachtvollste Klosteranlage in Kärntens. (I 6)

St. Veit an der Glan
Die frühere Landeshauptstadt mit ihren noch weitgehend erhaltenen Befestigungsanlagen und der alten *Herzogsburg* sowie dem 200 m langen und 30 m breiten *Hauptplatz* zählt zu den schönen erhaltenen städtebaulichen Ensembles des europäischen Mittelalters. (H 6)

Wörthersee
Kärntens größter Badesee wird vor allem von den berühmten Seebädern *Krumpendorf, Pörtschach* und *Velden* beherrscht und gilt als exklusiver Treff des internationalen Jet-sets. In kunsthistorischer Hinsicht sind an seinen Ufern die *Renaissanceschlösser Drasing, Hallegg* und *Hornstein* bemerkenswert, vor allem aber auch der *Wallfahrtsort Maria Wörth* am Südufer mit seiner spätgotischen Madonna und den barocken Schnitzaltären. Als schönster Aussichtspunkt vom Wörtherseeland bis hin zu den Karawanken bietet sich der 54 m hohe Turm auf dem ↘↙ *Pyramidenkogel* an. (H 6)

61

LIENZ

Auch wenn kein noch so schmaler Saumpfad über den 3674 m hohen Großvenediger führt, der gewissermaßen das »Haupthindernis« zwischen den nördlichen und östlichen Tiroler Vettern bildet, so haben sich beide Landesteile doch so etwas wie eine gemeinsame Identität bewahrt. Die berühmten Osttiroler Täler, das Pustertal, das Defereggen- und das Virgental sowie das in die Bergkulisse der Dolomiten besonders reizvoll eingebettete Lienzer Becken sind gewissermaßen der gemeinsame Nenner aus den hochgebirgigen Regionen Nordtirols und der Lieblichkeit Südtirols. (F 5)

BESICHTIGUNGEN

Altstadt
Am Zusammenfluß von Drau und Isel liegt die Lienzer Altstadt auf einem organisch gewachsenen Dreieck. Der große *Hauptplatz* wird von einer Reihe schöner alter Bürgerhäuser beherrscht. An seiner Ostfront findet man eine der herausragenden Barockkirchen Tirols, die *Spitalkirche St. Josef.* Sehenswert sind vor allem auch die *Michaels-* und die *Franziskanerkirche* sowie die etwas abseits vom Stadtzentrum gelegene romanische *Pfarrkirche St. Andrä.*

Schloß Bruck
Schon im 13. Jh. bauten die Grafen von Görz an strategisch bedeutender Position einen stolzen Ansitz auf die hoch über Iser und Drau thronende Felskuppe. Das kunsthistorisch bemerkenswerteste Kleinod der Anlage ist jedoch die alte Burgkapelle mit ihrem romanischen Kern, dem sehenswerten Freskenschatz sowie dem »Görzer Altar« aus der berühmten Pacherschule.

MUSEUM

Heimatmuseum
Das *Museum auf Schloß Bruck* vermittelt einen umfassenden Überblick über alles, was die uralte Kulturlandschaft Osttirol zu bieten hat. Der Bogen reicht von den bedeutendsten Ausgrabungsschätzen aus den nahen Fundstätten Aguntum und Lavant über gotische Malerei, eine bäuerliche Gerätesammlung sowie eine umfassende Mineralienabteilung bis zu einer umfangreichen Sammlung von Gemälden des Malers Albin Egger-Lienz. *Geöffnet von Palmsonntag bis Ende Okt., Mitte Juni bis Mitte Sept. tgl. 10–17 Uhr, Mo geschl., Eintritt 50 ÖS*

RESTAURANTS

Gannerhof, Innervillgraten
Das alte Bauernhaus aus dem 17. Jh. beherbergt gemütliche Gästezimmer und ist in den holzvertäfelten Stuben mit Kachelofen weithin für seine ausgezeichnete Küche mit Produkten aus eigener Landwirtschaft bekannt. *Innervillgraten 93, Tel. 0 48 43/52 40, tgl. 12–14.30 und 18–21.30 Uhr, Mo geschl., Kategorie 2*

Parkhotel Tristachersee, Lienz
Anspruchsvolle Küche auf einer wunderschönen Seeterrasse, *Tristachersee 1, Tel. 0 48 52/6 76 66, tgl. 12–22 Uhr, Kategorie 1*

STEIERMARK, KÄRNTEN UND OSTTIROL

EINKAUFEN

Neben den allenthalten erhältlichen Werken der Tiroler *Schnitzkunst* (das Südtiroler Grödnertal ist von Osttirol nicht weit) gibt es auch jede Menge landwirtschaftlicher Produkte zu kaufen. Gute Adressen dafür sind der *Osttiroler Bauernmarkt* in *Assling* (*Tel. 0 48 55/6 27*), wo u. a. ein hausgebrannter »Preglerschnaps« angeboten wird. *Lammspezialitäten und -felle* findet man beim *Innerwalder* in Innervillgraten (*Tel. 0 48 43/53 36*), Kräuter und Krapfen beim *Tschappler* in *Lienz-Obernußdorf* (*Tel. 0 53 56/5 31 23*). Für weitere Auskünfte steht das *Osttiroler Bauerntelefon* (*0 48 52/ 6 44 43, Mo–Fr 7.30–9 Uhr morgens*) zur Verfügung.

HOTELS

Rauter, Matrei

Das eher moderne, bestens geführte Hotel (40 Zi.) verfügt über eine eigene Reit- und Tennishalle sowie eigenes Fischrevier und ein anerkanntes Gourmetrestaurant. *Tgl. 12–14.30 und 18–22 Uhr, Tel. 0 48 75/66 11, Kategorie 1*

Traube, Lienz

Romantikhotel direkt am *Lienzer Hauptplatz*, gemütliche 51 Zimmer, eigenes Fischwasser und sehr gute Küche. *Hauptplatz 14, Tel. 0 48 52/6 44 44, Kategorie 1–2*

SPIEL UND SPORT

Osttirol hat sich als Zentrum für *Wanderer* und *Bergsteiger, Sportler* aller Art und ganz besonders für *Sportfischer* einen Namen gemacht: Der Oberlauf der Drau gilt als »mächtigster Äschenfluß« Tirols. Die Lienzer Dolomiten sind außerdem eines der schneereichsten Skiparadiese ganz Österreichs. Und an klaren Sonnentagen geben sich am blauen Himmel die Paragleiter und Drachenflieger ein Stelldichein.

AM ABEND

Der *Dolomitenkeller*, der *Stadtkeller* und das *Joy* in Lienz vertreiben abendliche Langeweile. Wer nicht gern tanzt, geht in den Lienzer *Pool-Billard-Club*.

ZIELE IN DER UMGEBUNG

Aguntum

Die römischen Ausgrabungen zwischen Lienz und Dölsach zeugen von einer der bedeutenden antiken Siedlungen in den Ostalpen, die im 5. Jh. von den Hunnen in Schutt und Asche gelegt und seit dem 18. Jh. wieder freigelegt wurde. (F 5)

Defereggental

30 Almen und der größte Zirbenwald der Ostalpen bestimmen dieses 40 km lange Tal, in dessen Mitte — in der Ortschaft Hopfgarten — einst auch ein großes Bergbaurevier lag. Hier findet man auch das höchstgelegene Erholungsdorf Österreichs, das 1500 m hohe *St. Veit*. (E 5)

Heinfelser Punbrücke

Schönste und älteste Hängebrücke Tirols führt am Fuße der Burg Heinfels bei Sillian über den Villgraterbach. Ist 86 m lang, besteht aus drei Hängewerken und wurde 1781 von schwäbischen Zimmerleuten erbaut. (E 5)

Kals

Direkt am Fuße des Großglockners (3707 m), des höchsten Gipfels in Österreich, liegt dieses aus schönen alten Holzhäusern bestehende Dorf, das auch der Fundort des ersten steinzeitlichen Fundstückes in Osttirol war. Unbedingt anschauen: die *Stockmühlen am Dorferbach*, die einmal wöchentlich in »Schaubetrieb« genommen werden. (E 4)

Matrei

Das Standbild eines Senators Popainus aus dem 1. Jh. auf einer Porträtsäule im Vorort Bichl ist die älteste Porträtdarstellung des östlichen Alpenraums, doch beileibe nicht die einzige Attraktion des beliebten Erholungsortes, der vor allem durch das alljährliche Matreier Klaubaufgehen volkskundliche Bedeutung hat. Unbedingt besichtigen sollte man *Schloß Weißenstein* am Eingang des Virgentales mit seinem aus dem 12. Jh. stammenden Rittersaal. Im Süden liegt, im Vorort *Ganz*, das berühmte *St. Nikolauskirchlein*, eine der wenigen völlig erhaltenen romanischen Chorturmkirchen mit einem beeindruckenden Freskenschatz aus dem 13. Jh. (E 4)

Virgental

In dem vielleicht schönsten Osttiroler Seitental sind vor allem zwei Sakralbauten von überregionaler Bedeutung: die *Allerheiligenkapelle in Göriach* und die berühmte *Wallfahrtskirche in Obermauern*, die alljährlich im Mittelpunkt der österlichen Virgener Widderprozession mit ihrem symbolischen Schlachtopfer steht. (E 5)

VILLACH

Am landschaftlich reizvollen Kreuzungspunkt zwischen Gailtal und Drautal liegt die »geheime Hauptstadt Kärntens«, eingebettet zwischen Dobratsch, Bleiberg und Wörthersee. Leider war Villach (53.000 Ew.) von den Bombardements des Zweiten Weltkriegs besonders stark betroffen, und daher ist viel von der alten Bausubstanz dieser uralten Kulturstadt verlorengegangen. In Villach — genauer gesagt, im benachbarten Warmbad Villach — kurten nämlich bereits die alten Römer.

Heute ist Villach vor allem ein beliebtes Einkaufs- und Freizeitzentrum für all jene, die an den umliegenden Seen, vor allem Faaker, Ossiacher und Millstätter See, Urlaub machen. Besonders zur Sommerzeit ist Villach daher auch häufig von Besuchern überlaufen. Unser Tip: Lassen Sie Ihr Auto lieber vor dem Stadtzentrum stehen, Sie ersparen sich so langwieriges Parkplatzsuchen! (G 6)

BESICHTIGUNGEN

Hauptplatz

Wie Villach vor dem Bombenhagel des Zweiten Weltkriegs ausgesehen hat, beweisen noch manche alten Häuser an diesem vom rechten Drauufer beständig ansteigenden Platz, etwa der *Paracelsushof*, der *Hirscheggerhof* aus dem 16. Jh. sowie das *Haus Nr. 13*, in dessen Hoftrakt 1552 Kaiser Karl V. abstieg.

Heiligenkreuzkirche

Sehenswert ist die Wallfahrtskirche im Vorort *Perau* am linken

STEIERMARK, KÄRNTEN UND OSTTIROL

Drauufer. Sie gilt als Meisterwerk des Kärntner Barock.

Stadtpfarrkirche St. Jakob
Die dreischiffige Basilika mit dem kunstvollen Netzrippengewölbe, der 1555 entstandenen Steinkanzel und dem Thomas von Villach zugeschriebenen Christophorus-Fresko zählt zu den schönen Kärntner Kirchen. *Kirchplatz 8*

MUSEEN

Fahrzeugmuseum
Direkt an der Draupromenade befindet sich eine liebevoll zusammengestellte Sammlung von Touren- und Gebrauchswagen aus den Jahren 1927–67. *Draupromenade 12, im Sommer tgl. von 9–17 Uhr, So von 10–17 Uhr geöffnet, im Winter von 10–12 und 14 bis 16 Uhr, Eintritt 40 ÖS*

Stadtmuseum
In einem Gebäude aus dem 16. Jh. wird die Stadtgeschichte minutiös dokumentiert. Man findet auch einen rekonstruierten Wehrgang und Tafelbilder des Thomas von Villach. *Widmanngasse 38, geöffnet Anfang Mai bis Ende Okt. Mo–Sa 10–16.30 Uhr, Eintritt 50 ÖS*

RESTAURANTS

Koglers Vorspann
In einer alten Pferdeumspannstation im Vorort *Zauchen* wird vom originellen Wirt vor allem italienisch gekocht. *Zauchen 16, Tel. 04252/2062, Di–Sa 12–14.30 und 18–23 Uhr, Kategorie 2*

Tschebull
Das Alpe-Adria-Restaurant am Faaker See bietet hervorragende Kärntner Küche mit stark friula-

Gemütliches Einkaufen in der Fußgängerzone von Villach

nischer Note. *Egg am Faaker See, Tel. 0 42 54/21 91, tgl. 11—23 Uhr, Kategorie 1*

EINKAUFEN

Wer typische *Kärntner Tracht* und echtes *Kunsthandwerk* sucht, findet beides in der *Engelwirtkeusche (Töbringer Str. 18)* im *Kärntner Heimatwerk (Widmanngasse 34)* oder bei *Trachten Kohler (Gerbergasse 8)*

HOTELS

Post
Das Khevenhüllerhaus aus dem 16. Jh. verfügt über wunderschöne Zimmer, gemütliche Stuben und eine gute Küche. 77 Zi. *Hauptplatz 26, Tel. 0 42 42/ 2 61 01, Kategorie 1—2*

Thomashütte
Nettes Hotel in Warmbad Villach. 16 Zi. *Schächtestraße 65, Tel. 0 42 42/5 35 10, Kategorie 2*

AM ABEND

Ein unbedingtes Muß für jeden Villachbesucher ist eine abendliche *Schiffahrt auf der Drau*, wo man bei Salonmusik auch ein gepflegtes Abendmenü einnehmen kann *(Voranmeldung unter: Tel. 0 42 42/2 80 71)*. Zum angenehmen Ausklingenlassen eines Tages eignet sich auch die hoch über der Drau gelegene Heurigenschank ⬐ *Zur Weinlaube* mit herrlichem Panorama und deftiger Kärntner Jause.

AUSKUNFT

Touristeninformation
Vikoleistr./Europaplatz, Telefon 0 42 42/2 44 44-0

ZIELE IN DER UMGEBUNG

Faaker See
★ Knapp 10 km vor den Toren Villachs liegt am Fuße des Mittagskogels einer der sehr schönen und warmen Kärntner Seen mit dem berühmten ⬐ *Bildstockblick* bei Egg. (G 6)

Landskron
⬐ Die alte Burgruine über dem *Ossiacher See* lockt mit einem *Panoramarestaurant (Tgl. 11—22 Uhr)* und einer *Adlerwarte. Vorführungen Mai bis Sept. tgl. 11, 16 und 18 Uhr* (G—H 6)

Maria Gail
Der spätgotische Flügelaltar der *Barockkirche* am »Drauspitz« ist eines der wertvollen Denkmäler gotischer Schnitzkunst (G 6)

Millstättersee
Der zweitgrößte See Kärntens besticht nicht nur durch den stillen Klosterbezirk von Millstatt, sondern auch dadurch, daß das unter Naturschutz stehende Südufer völlig unverbaut ist und auch nicht mit dem Auto befahren werden kann: eines der letzten Kärntner Idylls. (G 6)

Mölltal
Das alte Goldsuchertal führt geradewegs zum *Wallfahrtsort Heiligenblut*, wo die berühmte Großglockner-Hochalpenstraße über den Pasterzengletscher beginnt, die, vorbei an 37 Dreitausendergipfeln, in 31 Kehren in den Salzburger Pinzgau hinüberführt. Mautpflicht! (F 4—5)

Naßfeld
Im Winter ein beliebtes, schneesicheres Skigebiet, ist das von

STEIERMARK, KÄRNTEN UND OSTTIROL

Hermagor aus leicht erreichbare Almgebiet um den Gartnerkofel im Sommer die Heimat der berühmten »blauen Blume« Wulfenia, die nur hier und im Himalaja blüht. (G 6)

Nockalmstraße
Die Nockberge rund um *Bad Kleinkirchheim* sind ein beliebtes Wintersportgebiet. Im Sommer lädt eine prächtige Alpenstraße ab *Innerkrems* zu herrlichen Panoramablicken aus 2042 m Höhe ein. Mautpflicht! (G 5)

Ossiacher See
Im Gegensatz zum Wörthersee ist der Ossiacher See eher für das beschauliche Familienidyll geeignet. In dieses Bild fügen sich auch die in der barocken *Stiftskirche* von Ossiach alljährlich stattfindenden Konzerte des Carinthischen Sommers perfekt. Von der Aussichtswarte auf der *Gerlitzen*, die man über eine Höhenstraße erreicht, tut sich eines der schönsten Kärntner Panoramen auf. (H 6)

Schloß Porcia
★ Das von Kunsthistorikern als imposantestes Renaissanceschloß Mitteleuropas bezeichnete Architekturjuwel befindet sich mitten in *Spittal* an der Drau. Zu den kostbarsten Teilen des Prunkbaus aus dem Jahre 1527 zählen das Marmorportal, die Kassettendecken im Ahnensaal, die Treppenaufgänge sowie der Arkadenhof, der eine ideale Kulisse für die alljährlich hier stattfindenden Komödienspiele mit Stücken von Goldoni bis Nestroy abgibt. (G 5)

Terra Mystica
Wer den Urknall »live« miterleben will, der ist hier richtig. In einem aufgelassenen Bleiberger Bergwerksstollen wurde ein »Aktiv-Museum« mit Multimediashow, unterirdischem Bergsee und rasanten Schaftfahrten eingerichtet. *Eintritt 180 ÖS. Erst ab dem 7. Lebensjahr zugänglich (für kleine Gäste steht ein Erlebniskindergarten zur Verfügung). Auskunft unter: Tel. 0 42 44/2 25 50).* (G 6)

Der Arkadenhof des imposanten Renaissanceschlosses Porcia

OBERÖSTERREICH UND SALZBURG

Das Seenland in Österreichs Mitte

Die beiden Kernländer Österreichs werden vor allem von der Seenplatte des Salzkammerguts geprägt

Uneingeweihte — und darunter befinden sich auch sehr viele Österreicher selbst — sind seit jeher der Überzeugung, daß das Salzkammergut nur im Bundesland Salzburg liegen könne, »wie ja schon der Name sagt«.

Allein, der Name trügt. Denn die beiden Bundesländer Oberösterreich und Salzburg müssen sich dieses Landschaftsjuwel redlich teilen, wobei Oberösterreich sogar den Löwenanteil davon abbekommen hat.

Die fünf Salzburger »Gaue« — der Flachgau, der Tennengau, der Pongau, der Pinzgau und der Lungau sind — natürlich gewachsene alte Kulturlandschaften, die bei aller topographischer Verschiedenheit eines vereint: die allgegenwärtige Salzburger Bergwelt und deren optimale Eignung als Wintersportgebiet. Skizentren wie Saalbach, Badgastein, Zell am See oder Filzmoos zählen zu den bekanntesten Orten Österreichs, und sie sind keineswegs nur besuchenswert, wenn der »g'führige Schnee« dazu einlädt, die »Brettln« anzuschnallen, sondern auch, wenn sie sich im Sommer und Herbst als ideale Bergwanderregionen anbieten.

Oberösterreichs Landschaft hat, wiewohl ebenfalls gebirgig — hier liegt immerhin auch der vergletscherte Dachsteingipfel — auch noch andere Facetten und verfügt neben seinem Anteil an der Salzkammergut-Seenplatte auch über weitläufige Beckenlandschaften im Alpenvorland sowie einen Anteil am alten Rumpfschollengebirge nördlich der Donau — dem geologisch gesehen ältesten Teil Österreichs. Oberösterreich wird in vier Viertel eingeteilt, von denen drei nach Flüssen heißen und eines nach einem Vorgebirge benannt ist: das Mühlviertel im Norden, das Innviertel im Westen, das Traun- und das Hausruckviertel im Süden und Osten.

GMUNDEN

Einer der schönen Landungsstege aller Salzkammergutseen ist jener, an dem die Traunseedampfer direkt vor der Gmundener

Die schöne Salzburger Bergwelt

»Esplanade« anlegen. Ein paar Dutzend Schwäne schaukeln gemächlich auf den vom Dampfer aufgeworfenen Seewellen, und wenn man etwas Glück hat, spielt gerade das Keramikglockenspiel im Gmundener Renaissance-Rathaus eine kleine Melodie. Die Salzstadt Gmunden (13.000 Ew.) — hier wurde das Salz von den Traunschiffen schon im frühen 19. Jh. auf die erste Pferdeeisenbahn des Kontinents verladen — ist das eigentliche Tor zum Salzkammergut und gleichzeitig eine Drehscheibe des internationalen Tourismus. (G 3)

ORTE UND BESICHTIGUNGEN

Altmünster

Die bezaubernde Sommerfrische am Fuße des ☙ *Gmundenerbergs* besticht durch zahlreiche typische alte Salzkammergut-Villen und die spätgotische *Pfarrkirche* mit dem Altar von Michael Zürn (1690). (G 3)

Ebensee

Die Stadt an der Traunmündung ist Ausgangspunkt für zahlreiche lohnende Ausflüge, u. a. auf den *Feuerkogel*, in die *Gaßl-Tropfsteinhöhle* und zu den völlig unberührten *Langbathseen*. (G 3)

MARCO POLO TIPS FÜR OBERÖSTERREICH UND SALZBURG

1 Traunkirchner Fischerkanzel
Einer der interessanten Barockschätze Österreichs (Seite 71)

2 Prähistorisches Museum Hallstatt
Alles über die Hallstatt-Kultur, die hier ihr Zentrum hatte (Seite 72)

3 Pacheraltar in St. Wolfgang
Einer der bedeutenden Altäre der Welt (Seite 73)

4 Linzer Martinskirche
Einer der alten Sakralbauten des deutschen Sprachraums (Seite 73)

5 Enns
Österreichs älteste Stadt mit den römischen Ausgrabungen von Lorch (Seite 74)

6 Kefermarkter Altar
Der von Adalbert Stifter gerettete meisterhafte gotische Flügelaltar (Seite 75)

7 St. Florian
Das bedeutende Barockstift, das Anton Bruckner groß gemacht hat (Seite 75)

8 Salzburger Dom
Der erste Kirchenbau des italienischen Barock nördlich der Alpen (Seite 76)

9 Getreidegasse in Salzburg
In der berühmtesten Einkaufsstraße Österreichs erblickte »Amadeus« das Licht der Welt (Seite 76)

10 Krimmler Wasserfälle
Das Naturschauspiel unter dem speziellen Schutz des Europarates (Seite 79)

OBERÖSTERREICH UND SALZBURG

Schloß Orth

Das Seeschloß mitten im *Traunsee* gilt als Wahrzeichen Oberösterreichs und ist mit dem Landschloß durch eine 125 m lange Holzbrücke verbunden. (G 3)

Traunkircher Fischerkanzel

★ ◁ Die auf einen vorspringenden Felsen am See gebaute *Kirche Mariä Krönung* birgt einen der wertvollen Kunstschätze des Landes: die barocke »Fischerkanzel«. (G 3)

MUSEUM

Stadtmuseum

Im ehemaligen Kammerhofgebäude sind eine volkskundliche und eine Keramiksammlung untergebracht. Gedenkräume erinnern an Johannes Brahms und Friedrich Hebbel, die beide hier wirkten. *Kammerhofgasse 11. Geöffnet von Mi–Sa 10–12 und 14 bis 17 Uhr, Eintritt 15 ÖS*

RESTAURANTS

Villa Schratt

Hervorragend diniert sich's in der ehemaligen Villa der Schauspielerin und Geliebten Kaiser Franz Josephs, Katharina Schratt. (G 3) *Bad Ischl, Steinbruch 43, Tel. 0 61 32/2 76 47, Mo und Di mittag geschl., 12–14.30 und 18–22 Uhr, Kategorie 1–2*

Weitenau

Sehr gepflegtes, typisches Landwirtshaus, das u. a. für den besten Schweinsbraten Oberösterreichs bekannt ist. *Steinbach am Ziehberg, Tel. 0 75 82/72 02, tgl. 12–14 und 18–21.30 Uhr, Sa und Mi geschl., Kategorie 3*

EINKAUFEN

Man meide die Gamsbärte in den Souvenirläden und kaufe lieber Gmundener Keramik ein, die in ihren typischen grün-weißen Mustern vor Ort hergestellt wird. Es gibt auch einige niveauvolle Trachtengeschäfte.

HOTELS

Parkhotel am See

Mitten im Gmundener Seepark gelegenes Komforthotel, das vom See nur durch die Uferpromenade getrennt ist. 88 Zi. *Schiffslände 17, Tel. 0 76 12/42 30, Kategorie 1*

Waldhotel Marienbrücke

Idyllisch am Traunufer etwas abseits vom Zentrum gelegenes Haus mit komfortablen 29 Zi. und guter Küche. Angelsportzentrum. *Marienbrücke 5, Tel. 0 76 12/40 11, Kategorie 1–2*

SPIEL UND SPORT

Das Salzkammergut ist ein echtes Freizeit-Revier mit *Golfplätzen in Bad Ischl* und *Fuschl, Segel- und Surfschulen* an allen größeren Seen, vielen Möglichkeiten zum *Drachenfliegen* und *Paragleiten* sowie für den *Angelsport*, vor allem an der *Gmundener Traun*.

AUSKUNFT

Touristeninformation
Am Graben 2, Tel. 0 76 12/43 05

ZIELE IN DER UMGEBUNG

Almtal

Das idyllische Tal mit dem Hauptort Grünau mündet in

den vom Fremdenverkehr noch weitgehend unberührten, romantischen Almsee. (H3)

Attersee

Vor der imposanten Kulisse des Höllengebirges erstreckt sich der größte Badesee des Salzkammerguts mit den Hauptorten Kammer, Schörfling, Weyregg, Steinbach und Unterach. (G3)

Bad Ischl

Die einstige Sommerresidenz Kaiser Franz-Josephs atmet auch heute noch, ob in der berühmten *Konditorei Zauner*, der sehenswerten »Kaiservilla« oder bei den jährlich hier stattfindenden Operettenfestspielen, nostalgisches k.u.k. Flair. (G3)

Gosausee

↘↙ Das Ansichtskartenidyll schlechthin verfehlt auch beim Lokalaugenschein seine Wirkung nicht: Der winzige Gosausee ist durch seinen fulminanten Dachsteinblick weltberühmt geworden. (G3)

Hallstätter See

Die Ortschaft, nach der die Hallstattzeit benannt ist – ausführliche Dokumentation im ★ *Prähistorischen Museum* – bleibt vor allem durch ihre steile Hangbauweise sowie zahlreiche Kunstschätze wie den gotischen Karner mit seinen bemalten Totenköpfen sowie die wertvollen Flügelaltäre in der gotischen Hallenkirche in Erinnerung. Ein unbedingtes Muß sind auch ein Ausflug auf den Salzberg und – von Obertraun aus – auf den dem Dachstein vorgelagerten Krippenstein sowie in die Zauberwelt der Dachstein-Eishöhlen. (G4)

Mondsee

Das älteste Kloster Österreichs wurde 748 gegründet. Noch viel älter sind jene Reste der berühmten Mondseer Pfahlbaukultur (2500 v.Chr.), die man im *Heimatmuseum* besichtigen kann. Sehenswert ist auch das alte ↘↙ *Rauchhaus* über der Ortschaft mit traumhaftem Blick auf

Hallstatt schmiegt sich an den steilen Hang des Salzberges

OBERÖSTERREICH UND SALZBURG

den wärmsten Badesee des Salzkammerguts. (G 3)

Wolfgangsee

Den See zu Füßen des — neben Santiago de Compostela — einstmals meistbesuchten Wallfahrtsortes Europas müssen sich beide Bundesländer aufteilen. Der luxuriöse Badeort St. Gilgen liegt in Salzburg, St. Wolfgang mit seinem weltberühmten ★ *Pacheraltar* (1481) in Oberösterreich. Hier steht auch das operettenselige Hotel *Zum weißen Rössl*. Und von hier führt auch die vorsintflutliche, 1732 m lange Zahnradbahn auf den ⚑ *Schafberggipfel*. (G 3)

LINZ

Österreichs größte Industriemetropole mit über 200 000 Einwohnern hat sich besonders in der Altstadt und im Umland noch viel vom Charme vergangener Tage erhalten.

Linz steht auf dem Boden eines alten römischen Kastells. Kaiser Friedrich III., dessen Herz hier auch begraben liegt, diente es von 1489—93 als Residenzstadt. Johannes Kepler berechnete hier die Planetenbahnen, Mozart komponierte seine Linzer Symphonie, Adalbert Stifter schrieb seine großen Romane »Witiko« und »Nachsommer«, und der im nahen Ansfelden geborene Anton Bruckner gilt als »Genius loci«. (H 2)

BESICHTIGUNGEN

Alter Dom

Die von P. F. Carlone erbaute Jesuitenkirche St. Ignatius ist der eindrucksvollste Barockbau der Stadt. Besonders bemerkenswert sind die Krismann-Orgel und die geschnitzten Kirchenbänke. *Domgasse 3*

Hauptplatz

Der 220 m lange und 60 m breite Platz mit den zahlreichen Barock- und Rokokofassaden zählt zu den großen Plätzen Mitteleuropas. In seinem Zentrum steht die barocke *Dreifaltigkeitssäule*, das Wahrzeichen der Stadt. Gleich gegenüber liegt das *Alte Rathaus* aus dem 16. Jh.

Landhaus

Die oberösterreichische Landesregierung hat ihren Sitz in einem der schönen Renaissancepalais Österreichs. Der wappengeschmückte Planetenbrunnen im Arkadenhof, wo im Sommer auch musiziert wird, ist vor allem durch seine Ikonographie von Bedeutung. *Klosterstr. 11*

Martinskirche

★ Am Gipfel des alten »Römerberges« steht dieses 799 erstmals erwähnte frühmittelalterliche Gotteshaus, das zu den alten Sakralbauten des deutschen Sprachraums zählt. *Römerstr. 799*

Neuer Dom

Die neogotische Basilika Mariä Empfängnis erinnert an den Wiener Stephansdom. Der Turm sollte ursprünglich höher als sein 137 m hohes Wiener Vorbild werden, wurde dann aber nach massivem Wiener Widerstand um drei Meter niedriger gebaut. *Baumbachstraße*

Pöstlingberg

Auf den 537 m hohen Linzer Hausberg führt die steilste zahnradlose Bahn Europas, hinauf zur spätbarocken *Wallfahrtskirche Sieben Schmerzen Marias*.

MUSEEN

Nordico
Linzer Stadtgeschichte und ständig wechselnde internationale Großausstellungen stehen im Zentrum des ehemaligen Jesuitenkonvikts, an dem auch Johannes Kepler wirkte. *Bethlehemstraße 7, geöffnet Mo—Fr von 9—18 Uhr, Sa und So von 15—17 Uhr, Eintritt 50 ÖS*

Schloßmuseum
Das Landesmuseum in der über der Altstadt thronenden gewaltigen Burganlage aus der Renaissance birgt umfangreiche landeskundliche Sammlungen. Zu den wertvollen Exponaten zählen der Eggelsberger Flügelaltar, die historische Weinberger Schloßapotheke sowie die Gemäldegalerie mit Werken von Troger bis Klimt und Kokoschka. *Tummelplatz 10, geöffnet Di—Fr 9—17 Uhr, Sa, So, Fei 10—16 Uhr, Eintritt 20 ÖS*

RESTAURANT

Kremsmünsterer Stuben
Im wunderschönen Altstadthaus, in dem Kaiser Friedrich III. verstarb, wird eine anspruchsvoll-bodenständige Küche geboten. *Altstadt 10, Tel. 0732/ 182111, tgl. 12—14.30 und 18 bis 23.30 Uhr, Mo geschl., Kategorie 1—2*

EINKAUFEN

Die Fußgängerzone entlang der Landstraße ist eines der vielfältigen Einkaufszentren des Landes. Hier liegen u. a. das *oberösterreichische Heimatwerk*, das auch die berühmten Sandler Hinterglasbilder anbietet, zahlreiche Modegeschäfte und einige Geschirrläden (z. B. *Christophory*), in denen man u.a. auch die typische Gmundener Keramik erstehen kann.

HOTEL

Domhotel
Zentral gelegenes und gut ausgestattetes Stadthotel. 44 Zi. *Baumbachstraße 17, Tel. 0732/778441, Kategorie 2*

AM ABEND

Die Gegend zwischen *Hauptplatz* und *Schloßberg* gilt mit ihren zahllosen Szenelokalen als »Linzer Bermuda-Dreieck«. Das kulturelle Angebot reicht von Aufführungen im *Landestheater* und im *Ursulinenkeller* über Konzerte im *Brucknerhaus* bis zu regelmäßigen Pop- und Jazzveranstaltungen im *Posthof* nahe dem Donauhafen.

ZIELE IN DER UMGEBUNG

Enns
★ Die älteste Stadt Österreichs (1212) ist durch ihren ⚜ *Renaissance-Stadtturm* weithin sichtbar. Im Vorort *Lorch* kann man im *Museum Lauriacum* einige der wichtigen römischen Ausgrabungen Österreichs besichtigen. (H2)

Freistadt
Im Hauptort des Mühlviertels nördlich der Donau sind noch große Teile der alten Stadtbefe-

OBERÖSTERREICH UND SALZBURG

stigungen *(Linzer- und Böhmertor)* sowie zahlreiche Bürgerhäuser mit gotischem Kern erhalten. Besonders sehenswert ist das volkskundlich orientierte *Mühlviertler Heimathaus* in der ehemaligen Landesfürstlichen Burg. (H2) *Schloßhof 2, Führungen von Mai—Okt. Di—Sa 10 und 14 Uhr, So und Fei 10 Uhr, im übrigen Jahr Di—Fr 10 Uhr, Di und Do 14 Uhr, Eintritt 20 ÖS*

Grein

Das mittelalterliche Städtchen am Fuße der Greinburg (sehenswertes *Schiffahrtsmuseum*) beherbergt auch Österreichs kleinstes Theater, ein Rokoko-Kleinod aus dem Jahre 1790. (I2)

Kefermarkt

★ Der von Adalbert Stifter vor der Verrottung gerettete *Kefermarkter Altar* (in der *Pfarrkirche*) zählt zu den bedeutenden Schnitzaltären Europas. (I2)

Kremsmünster

Das Benediktinerstift wurde 777 von Herzog Tassilo gegründet, nach dem auch der hier aufbewahrte, weltberühmte Tassilokelch benannt ist. Kulturhistorisch bedeutend auch die als »mathematischer Turm« angelegte Sternwarte. (H3)

St. Florian

★ Neben Melk ist das *Augustiner-Chorherren-Stift*, in dem Anton Bruckner, der »Musikant Gottes«, wirkte und auch begraben liegt, die wohl eindrucksvollste Klosteranlage Österreichs. Sehenswert sind vor allem die *Stiftskirche* von C. A. Carlone, der Marmorsaal mit den Altomonte-Fresken, die Bibliothek und der

in den Kunstsammlungen aufbewahrte Sebastiansaltar des deutschen Malers Altdorfer (1518). (H2)

Schlägl

Das *Böhmerwald-Kloster* der Prämonstratenser Chorherren birgt eine der schönen Gemäldegalerien des Landes und unterhält u. a. Österreichs letzte Klosterbrauerei. (H1)

Steyr

Die alte Eisenstadt am Zusammenfluß von Enns und Steyr spiegelt ihren jahrhundertelangen Reichtum noch heute in vielen alten Bürgerhäusern des weitgehend intakten historischen Stadtensembles wider. Das berühmteste ist das gotische *Bummerlhaus* (1497) am *Stadtplatz*. (H3)

Wels

Das einstige mittelalterliche Handelszentrum ist auch heute noch als Einkaufsstadt berühmt. In der ehemals kaiserlichen *Burg* findet man das Sterbezimmer Kaiser Maximilian I. Das *Stadtmuseum* birgt eine der kulturhistorisch reichhaltigen Sammlungen Österreichs. *Pollheimerstr. 17. Geöffnet Di, Mi, Fr 10—17 Uhr, Do 10—20 Uhr, Sa und So 10—12 Uhr, Eintritt frei*

Wilhering

Der größte und wertvollste Zentralbau des österreichischen Rokoko liegt vor den Toren von Linz direkt am Donauufer. Den reichen Freskenschmuck der 1146 gegründeten und 1733 erneuerten *Zisterzienserabtei* schufen die beiden bekannten Brüder Altomonte. (H2)

Lassen sie sich von Salzburgs Charme bezaubern

SALZBURG

Wer Salzburg sagt, der denkt zunächst an Mozartkugeln und den »Sound of music«. Doch so zuckersüß wie das Image der Salzachmetropole (140 000 Ew.) ist seine Geschichte beileibe nicht gewesen. Im Gegenteil: Die oft recht blutrünstige Historie der Residenz der Salzburger Fürsterzbischöfe gemahnt gar nicht selten an jene von Fürstenhäusern wie die der Medici oder Borgia. Mit letzteren verband die stets als besonders lebenslustig und weltlichen Dingen durchaus aufgeschlossenen Salzburger Bischöfe von Wolfdietrich bis Markus Sittikus auch die Liebe zu prachtvollen Prunkbauten, von denen es in der Mozartstadt so viele gibt, daß es zu Recht als das »Florenz des Nordens« gepriesen wird. Es ist gewiß auch kein Zufall gewesen, daß Max Reinhardt und Hugo von Hofmannsthal sich entschlossen, ihren »Jedermann« ausgerechnet auf dem Salzburger Domplatz zu inszenieren und damit das Startsignal für die wohl berühmtesten Festspiele der Welt zu geben. (F 3)

ORTE UND BESICHTIGUNGEN

Dom

★ Der vom hl. Virgil 767 gegründete und 1614 von Solari völlig neu erbaute Dom ist mit seiner 75 m hohen Kuppel und einem Fassungsraum für über 10 000 Menschen der erste Kirchenbau des italienischen Barock nördlich der Alpen. Vor der eindrucksvollen Fassade wird am *Domplatz* jährlich der »Jedermann« aufgeführt.

Franziskanerkirche

Auf höchst eindrucksvolle Weise schlichter, romanisch-gotischer Kirchenbau mit einem barocken Hochaltar des österreichischen Baumeisters Fischer von Erlach. *Franziskanergasse*

Getreidegasse

★ Die vielleicht berühmteste Straße Österreichs ist vor allem durch ihre schmiedeeisernen Handwerkszeichen bekannt (selbst McDonald's hat hier ein solches). Im Haus *Nr. 9* wurde Mozart 1756 geboren. *Sein Geburtshaus ist tgl. von 9—18 Uhr, im Sommer bis 19 Uhr geöffnet, Eintritt 50 ÖS*

OBERÖSTERREICH UND SALZBURG

Hellbrunn

Kernstück des Lustschlosses von Markus Sittikus (7 km südlich des Zentrums) ist der achteckige, freskengeschmückte Festsaal. Wer keine Angst hat, naß zu werden, der sollte auch die manieristisch-grotesken Hellbrunner Wasserspiele besuchen. Im Schloßpark finden Sie auch das »Monatsschlößchen« (heute *Volkskundemuseum*), den Salzburger Tiergarten und das berühmte »Steinerne Theater« vor.

Hohensalzburg

Die Festung Hohensalzburg, die man von der Altstadt aus mit einer Standseilbahn erreicht, gilt als eine der wenigen noch vollständig erhaltenen Burganlagen Mitteleuropas. Sehenswert sind vor allem die Fürstenzimmer und die »Goldene Stube«, in der auch der berühmte »Salzburger Stier« untergebracht ist, eine Walzenorgel aus dem Jahre 1502, die *tgl. um 7, 11 und 18 Uhr* zu hören ist. Das *Burgmuseum ist tgl. von 9–17 Uhr geöffnet*

Kollegienkirche

Die von Fischer von Erlach ausgeführte Universitätskirche besticht vor allem durch die vier Kapellen mit Statuen von Meinrad Guggenbichler. *Universitätsplatz*

Maria Plain

In der barocken Wallfahrtskirche im Norden der Stadt wurde 1779 Mozarts berühmte Krönungsmesse uraufgeführt. *Bergheim bei Salzburg*

Mirabell

Das von Erzbischof Wolf Dietrich für seine Geliebte Salome Alt 1727 errichtete und später von Lukas von Hildebrandt umgebaute Lustschloß ist vor allem durch seine Gartenanlage bemerkenswert, in der sich auch das Salzburger Mozarteum, der »Zwerglgarten« und das berühmte Heckentheater befinden. *Mirabellplatz*

In der Orangerie von *Schloß Mirabell* ist eine interessante Sammlung von barocken Gemälden, Stichen und Entwürfen von Carlone bis Rubens. *Barockmuseum, Mirabellgarten. Geöffnet Di–Sa von 9–12 und 14–17 Uhr, So von 9–12 Uhr, Eintritt 30 ÖS*

Nonnberg

Das vom hl. Rupert um 700 gegründete Frauenkloster ist einer der schönen gotischen Sakralbauten Salzburgs. Sehenswert sind vor allem die Johanniskapelle und das Felsengrab der hl. Erentrudis. *Hoher Weg*

Pferdeschwemme

Als Verkleidung eines ehemaligen Steinbruchs wurde 1695 von Fischer von Erlach diese Monumentalplastik mit der Rossebändigergruppe gestaltet. *Sigmundsplatz*

Residenz

Vom Neugebäude der 1592 bis 1602 erbauten Residenz erklingt *tgl. um 7,11 und 18 Uhr* das Salzburger Glockenspiel aus dem Jahre 1702. Die eigentliche Residenz wurde bereits ab 1596 im römischen Palaststil errichtet und beherbergt die bedeutenden Kunstsammlungen der Residenzgalerie sowie die berühmte »Herkulesgrotte«. *Geöffnet tgl. von Juni–Sept. 10–17 Uhr, Eintritt 40 ÖS*

St. Peter

Die vom hl. Rupert 690 gegründete Abtei gilt als Keimzelle der christlichen Kultur des Ostalpenraums. Die romanische Stiftskirche wurde im 17. Jh. barockisiert. Über dem angeschlossenen St. Peters-Friedhof befindet sich der Eingang zu frühchristlichen Bethöhlen, den sogenannten Katakomben. *Franziskanergasse*

Untersberg

☀ Nahe dem erzbischöflichen *Schloß Leopoldskron* führt eine Seilbahn auf den Gipfel des 1853 m hohen Salzburger Hausbergs. Herrliche Aussicht und schöne Spazierwege.

MUSEUM

Carolino Augusteum

Eine der großen kunst- und kulturhistorischen Sammlungen Salzburgs mit Schwerpunkten wie Antike, gotische Tafelmalerei, Instrumente, Spielzeug und Kunstgewerbe. *Museumsplatz 6, geöffnet tgl. außer Mo von 9—17 Uhr, Eintritt 30 ÖS*

RESTAURANTS

Auerhahn

Das beste Salzburger Beisl verbirgt sich in der wenig noblen Bahnhofsgegend. *Bahnhofstr. 15, Tel. 06 62/5 10 52, Di und im Nov. geschl., Kategorie 2*

Goldener Hirsch

Das Salzburger Traditionsrestaurant mit hervorragender Küche. Ein Tip: Nicht unbedingt zur Festspielzeit besuchen. *Getreidegasse 37, Tel. 06 62/84 85 11, Kategorie 1*

EINKAUFEN

Die *Getreidegasse* mitsamt ihren zahlreichen Durchhäusern ist Salzburgs Einkaufszentrum, elegant, stilvoll, aber nicht unbedingt billig. *Haute Couture* kauft man bei *Resmann, Hüte* bei *Scheiblberger, Gemüse* am *Markt vor der Kollegienkirche, Delikatessen* bei *Stranz & Scio.*

HOTELS

Landgasthof Allerberger

Sehr gemütliches, für Salzburger Verhältnisse preiswertes Logis im Vorort Wals. 27 Zi. *Doktorstraße 49, Tel. 06 62/85 02 70, Kategorie 2—3*

Schloß Mönchstein

Leben (und zahlen) wie ein Fürsterzbischof, in einem der besonders schön gelegenen Stadthotels der Welt. 17 Zi. *Mönchsbergpark 26, Tel. 06 62/84 85 55-0, Kategorie 1*

AM ABEND

Treffpunkt der Festspiel-Society ist das *Cafe Bazar (Schwarzstr. 3, Tel. 06 62/64 00 24, So und Mo geschl.).* Als Mittelpunkt von Salzburgs »Bermuda-Dreieck« gilt das *Chez Roland (Giselakai 15, Tel. 06 62/87 43 35, So geschl.).* Wer es gerne etwas urtümlicher hat, der wird in *Steinlechners Heurigen (Aigner Str. 4, Tel. 06 62/2 90 01)* oder in Salzburgs *1. Weißbierbrauerei (Rupertgasse 10, Tel. 06 62/87 22 46)* fündig.

AUSKUNFT

Touristeninformation

Mozartplatz, Tel. 06 62/80 72-0

OBERÖSTERREICH UND SALZBURG

ZIELE IN DER UMGEBUNG

Badgastein
»Österreichs St. Moritz« mit seinen Grandhotels und Villen aus den Zeiten der Monarchie ist auch ein Zentrum echten Brauchtums (Perchtenlauf, Krampustag) und unverfälschter Volkskunst geblieben. Der Wasserfall mitten im Ort zählt zu Österreichs schönsten. (F 4)

Filzmoos
Der romantisch gelegene kleine Wallfahrtsort im Pongau ist ein Zentrum der österreichischen Ballonfahrt sowie des Angelsports in naturbelassenen Gebirgsbächen *(Auskunft: Hotel Hubertus, Hr. Maier, Tel. 0 64 53/2 04)* sowie ein internationaler Familienwintersportort. (G 4)

Hallein
Die alte Salinenstadt am Fuße des schon von den Kelten bewohnten Dürrnbergs verfügt über eines der schönen mittelalterlichen Stadtensembles des Salzburger Landes. Sehenswert: das *Bergwerksmuseum im Salzbergwerk* und das *Keltenmuseum*. (F 3)

Krimmler Wasserfälle
★ Die aus 380 m spektakulär herabstürzenden *Wasserfälle im Nationalpark Hohe Tauern* stehen als einzigartiges Naturschauspiel unter dem speziellen Schutz des Europarates. (E 4)

Saalfelden
Das *Heimatmuseum* im nahen *Schloß Ritzen* birgt u. a. die größte alpenländische Krippenschau Österreichs. In der Nähe ist die *Einsiedelei St. Georg*, wo Österreichs letzter Eremit lebt. (F 3)

Tamsweg
Die »Goldfenster« genannten Glasgemälde der 1433 erbauten *Leonhardikirche* zählen zu den wichtigen Sakralkunstwerken Österreichs. (G 5)

Wagrain
Die landschaftlich besonders reizvolle Heimat des Dichters Karl Heinrich Waggerl ist heute eines der beliebten Salzburger Wintersportzentren. (G 4)

Schloß Hohenwerfen

Werfen
Von der stolzen *Festung im Pongau* läutet Österreichs nach der Wiener Pummerin zweitgrößte Glocke. In Werfen ist auch der Ausgangspunkt für die Besichtigung der bemerkenswerten Höhlensysteme des Salzburger Landes, der *Werfener Eisriesenwelt*. (F 3)

Zell am See
Das internationale Alpenseebad am Zeller See ist Mittelpunkt der Pinzgauer Skiregion mit den Wintersportorten *Saalbach* und *Hinterglemm* sowie Ausgangspunkt der Seilbahn auf das Kitzsteinhorn, wo man im Sommer und im Winter skifahren kann. (F 4)

NORDTIROL UND VORARLBERG

Land und Ländle »im Gebirg«

Durch ihre abgeschiedene geographische Lage steuern Tirol und Vorarlberg seit jeher einen rundum eigenständigen Kurs

Der Westen Österreichs hat seine eigenen Gesetze. Ob in Tirol oder in Vorarlberg: Die Bewohner verstehen sich zwar als Österreicher, legen aber doch auf eine größtmögliche Eigenständigkeit wert, wie es wohl typisch für alle Völker ist, die im »Land im Gebirg« leben, wie Tirol früher einmal genannt wurde. Diese unleugbare Neigung vieler Tiroler zu einem gewissen »Separatismus« ergibt sich in mancherlei Hinsicht schon aus der Geographie dieses Landes, das sich wie eine riesige Gebirgsfestung im Herzen Europas verschanzt hält.

Tirol ist größer, als man manchmal glaubt: Das breite Inntal und seine zahlreichen kleineren und größeren Seitentäler, vom Brixen-, Ziller- und Stubaital bis zum Wipp-, Ötz-, Pitz- und Paznauntal, die an einen norwegischen Fjord erin-

Die 13 Meter hohe Annasäule in der Maria-Theresien-Straße vor dem eindrucksvollen Panorama der Nordkette ist eines der Wahrzeichen der Stadt Innsbruck

nernde Wasserzunge des Achensees, der breite Gebirgskessel des Mieminger Plateaus — insgesamt 12 647 qkm Landesfläche geben hochalpinen Anschauungsunterricht und bilden für die 611 000 Einwohner des Landes wohl die wesentlichste Grundlage ihres heutigen, im übrigen sehr hohen Lebensstandards.

Vieles, was für Tirol stimmt, gilt auch fürs benachbarte, allerdings wesentlich kleinere Vorarlberg. Freilich liegt zwischen beiden Bundesländern der monolithische Block des Arlberggebiets. Während die Tiroler ihre Blicke eher nach Südtirol richten, so sind die Vorarlberger als die »Schweizer Österreichs« bekannt: Bienenfleißig und mit alemannischer Unbeirrtheit halten sie ihr kleines Stückchen Erde — bevölkerungsmäßig ist Vorarlberg das kleinste, flächenmäßig das zweitkleinste österreichische Bundesland — wie man hierzulande zu sagen pflegt, »bestens in Schuß«. Eine florierende Textilindustrie und der Fremdenverkehr haben Vorarlberg zu einem der reichsten österreichischen Bundesländer gemacht.

BREGENZ

Daß Bregenz eine Festspielstadt ist, will es das ganze Jahr über nicht verleugnen. Die berühmte Seebühne am Bodensee wird zwar den Winter über »eingemottet«, prägt aber dennoch das Bild der Uferpromenade und damit das Bregenzer Stadtbild, ebenso wie die Silhouette des neuen Festspielhauses. Bregenz, das bereits zur Römerzeit besiedelt war und damals Brigantium hieß, ist, was man eine kleine, aber feine Landeshauptstadt nennt. Mit knapp 25 000 Einwohnern kann man es fast als Kleinstadt bezeichnen. (A 3)

BESICHTIGUNGEN

Martinsturm
Er gilt als eigentliches Wahrzeichen von Bregenz und ist mit seiner Zwiebelhaube aus dem Jahr 1602 das älteste barocke Bauwerk im Bodenseegebiet. *Deuringstraße*

Pfänder
↙ Den 1064 m hohen Bregenzer Hausberg mit der großartigen Aussicht über Bodensee und Hochgebirge erreicht man über eine Seilbahn oder in etwa anderthalb Stunden auch zu Fuß.

Seekapelle
Das kleine Kirchlein mit dem bemerkenswerten Renaissancealtar aus Schloß Hofen wurde 1408 zum Andenken an den Sieg über die Appenzeller Bauern gestiftet. *Rathausstraße*

Thalbach
Die alte Klosterkirche in der Oberstadt birgt wertvolle Kunst-

schätze wie etwa eine Sitzmadonna aus dem 14. und eine Pietà aus dem 15. Jh. *Thalbachstraße*

MUSEUM

Vorarlberger Landesmuseum
Direkt am zentralen *Kornmarkt* gelegen, bietet Vorarlbergs größtes Museum in drei thematisch unterschiedlich gegliederten Stockwerken Möglichkeit für einen umfassenden Streifzug durch die Landesgeschichte. Die schönsten Exponate sind die original nachgebauten Bürger- und Bauernstuben aus Bludenz und dem Montafon sowie ein besonders schönes romanisches Vortragekreuz aus dem 13. Jh. *Geöffnet tgl. außer Mo von 9—12 und 14—17 Uhr*

RESTAURANTS

Deuring-Schlößle
Über der Stadt residieren Ernst und Heino Huber, zwei der besten Köche Österreichs. In ihrem romantischen Schloßhotel kann man auch — zu Luxuspreisen — luxuriös übernachten. *Ehre-Guta-Platz 4, Tel. 0 55 74/4 78 00, Kategorie 1*

Neubeck
Obwohl man sich dem Anschein nach in einer In-Bar mit hervorragender Weinauswahl befindet, kann man hier auch kleine Spezialitäten auf hervorragendem Niveau genießen. *A.-Schneider-Straße 5, Tel. 0 55 74/4 67 26, 11 bis 24 Uhr, So geschl.*

EINKAUFEN

Vorarlberg ist vor allem für seine Textilien von Markennamen wie

NORDTIROL UND VORARLBERG

Hämmerle oder Rhomberg bekannt.

Bregenz ist daher auch ein guter Platz zum Einkauf unverfälschter Trachtenmode.

Bemerkenswert ist auch die hiesige Käsekultur, die hier erzeugten Bergkäse können sich ohne weiteres mit jenen der Schweiz messen.

HOTELS

Schwärzler
Angenehmes, sehr zentral gelegenes Hotel mit allem Komfort. 60 Zi. *Landstraße 9, Tel. 0 55 74/ 49 90, Kategorie 1—2*

Weißes Kreuz
Komfortables Innenstadthotel in Seenähe. 45 Zi. *Römerstraße 5, Tel. 0 55 74/49 88-0, Kategorie 2*

AUSKUNFT

Touristeninformation
Anton-Schneider-Straße, Telefon 0 55 74/4 33 91

ZIELE IN DER UMGEBUNG

Arlberg
★ Der seit der Gründung des berühmten Arlberg-Hospizes im Jahre 1386 erschlossene Alpenübergang hat sich seit der Eröff-

---

MARCO POLO TIPS FÜR NORDTIROL UND VORARLBERG

1 Arlberg
Österreichs mondänstes Wintersportgebiet zwischen Lech und Zürs (Seite 83)

2 Schloß Ambras
Das »Versailles von Innsbruck« mit seinen Kunst- und Wunderkammern (Seite 85)

3 Das Goldene Dachl
Innsbrucks weltberühmtes Wahrzeichen aus 2657 vergoldeten Kupferschindeln (Seite 85)

4 Hofkirche
Das — leere — Innsbrucker Mausoleum Kaiser Maximilian I. (Seite 85)

5 Hall
Ein geschlossenes mittelalterliches Stadtensemble

mit dem 45 m hohen »Münzerturm« (Seite 87)

6 Ötztal
Das längste der Seitentäler des Inns ist auch eines der schönsten (Seite 88)

7 Feste Kufstein
Das Wahrzeichen des Inntals mit der ersten Freiorgel der Welt (Seite 89)

8 Achensee
Der schönste und größte Bergsee Tirols (Seite 90)

9 Rattenberg
Die märchenhafte alte Glasbläserstadt am Inn (Seite 90)

10 Zillertal
Die alte Zillertalbahn führt in Tirols wohl beliebtestes Fremdenverkehrsgebiet (Seite 90)

nung des Arlbergtunnels 1885 zu einer der wichtigsten Ost-West-Verbindungen Europas gemausert. Vor allem ist das Arlberggebiet jedoch Österreichs vielleicht exklusivstes Wintersportgebiet mit den Hauptorten Zürs und Lech. (B 4) *Hotel: Burghotel Oberlech (64 Zi.), Tel. 0 55 83/ 22 91, Kategorie 1*

Bludenz
Seit es 1270 zur Stadt erhoben wurde, gilt Bludenz als Zentrum und »Viehmarkt« des Montafon. Sein Stadtbild mit den Renaissance-Laubengängen und Teilen der einstigen Stadtbefestigung konnte sich Bludenz bis heute erhalten. Im *Oberen Tor* ist das *Stadtmuseum* mit dem berühmten »Muttersberger Altar« untergebracht. *Kirchgasse 9. Geöffnet Mi und Sa von 14–16 Uhr und So von 10–12 Uhr, Eintritt 25 ÖS* (A 4)

Bregenzerwald
Gewissermaßen den sanften Kontrapunkt zur zerklüfteten Gebirgslandschaft des Arlbergs setzt der Bregenzerwald. Er beginnt beim *Dorf Warth* am *Hochtannberg* und ist Österreichs westlichster Alpenausläufer. Rund um die »Bregenzeracht« hat sich bis heute viel echte Volkskultur in den hier »Tobeln« genannten Seitentälern erhalten. Die in *Schwarzach bei Dornbirn* beginnende Bregenzerwaldstraße streift alle wichtigen Orte des Gebiets, von Schwarzenberg über Bezau bis Bad Hopfreben. (A 3–4)

Dornbirn
Das *Rote Haus* am *Marktplatz* der alten Webereimetropole ist eines der ältesten und typisch-

Das Rote Haus in Dornbirn stammt aus dem Jahre 1634

sten Rheintaler Bürgerhäuser und stammt aus dem Jahr 1634. (A 3)

Feldkirch
Im »Schatten« der mittelalterlichen Schattenburg liegt diese alte Schulstadt, die auch den Beinamen »Studierstädtle« trägt. Sehenswert sind vor allem das 1493 entstandene *Rathaus* mit der Ratsstube um 1700 sowie das Wahrzeichen der Stadt, das *Churer Tor*. (A 4)

Hohenems
Das von Martino Longo in den Jahren 1562–67 erbaute *Renaissanceschloß* steht mit seinem 1610 erbauten Rittersaal alljährlich im Mittelpunkt des Kammermusikfestivals »Schubertiade«. In Hohenems befindet sich auch der Bregenzer Flughafen. (A 3)

Rankweil
Der wichtigste Sakralbau Vorarlbergs ist die auf einem Hügel über dem Rhein gelegene, auf den Überresten eines römischen Kastells und einer montfortischen Dienstmannenburg errichtete *Wallfahrtskirche* »Unsere liebe Frau«. (A 4)

NORDTIROL UND VORARLBERG

INNSBRUCK

Wer den historischen Charme Innsbrucks (117.000 Ew.) kennenlernen will, der findet ihn nicht nur in seinen alten Gassen und Laubengängen, sondern auch auf den Fassaden der alten Bürgerhäuser, deren Freskenreichtum oft anschaulicher ist als so manches dicke Geschichtsbuch. Da gibt es etwa, nicht weit vom berühmten »Goldenen Dachl«, dem Wahrzeichen der Stadt, entfernt, das mit vielen Erkern geschmückte Katzungshaus, auf dem Turnier-, Tanz- und Musikantenszenen den ganzen historischen Bilderbogen dieser an Geschichte und Geschichten so reichen Stadt beschwören.

Es war vor allem Kaiser Maximilian I., genannt »der letzte Ritter«, der das Bild dieser Stadt so nachhaltig geprägt hat. So sehr sich Innsbruck seit den Zeiten der Renaissance auch geändert haben mag, eines ist gleich geblieben: Eine vitale, fast südliche Lebenslust beherrscht die Stadt. Die Boutiquen können sich mit jenen Norditaliens durchaus messen, und die Garderoben vor allem der jungen Innsbruckerinnen können es nicht minder. (C–D 4)

BESICHTIGUNGEN

Schloß Ambras
★ Das »Versailles« des Tiroler Landesfürsten Erzherzog Ferdinand II. (1529–1595) liegt auf einem vorspringenden Felsen am Innsbrucker Stadtrand. Der »Spanische Saal« gilt als einer der schönsten Renaissancesäle Europas. Sehenswert ist auch die Rari-

tätenkollektion der im Schloß untergebrachten »Kunst- und Wunderkammern«. Der Park des Schlosses steht in der Tradition grotesk-verspielter Renaissancegärten. *2. Mai bis 30. Sept. tgl. von 10–16 Uhr, Di geschl., Eintritt 40 ÖS*

Annasäule
◁ Die 13 m hohe, von einer Marienstatue gekrönte Annasäule vor dem Panorama der eindrucksvollen Nordkette gilt neben dem »Goldenen Dachl« als eines der Wahrzeichen der Stadt. *Maria-Theresien-Straße*

Goldenes Dachl
★ Das Wahrzeichen Innsbrucks gilt als die möglicherweise reizvollste Schöpfung der deutschen Spätgotik. Der um 1500 vollendete zweigeschossige Erker besteht aus dreierlei Marmor und 2657 feuervergoldeten Kupferschindeln. *Herzog Friedrichstraße*

Hofburg
Aus der alten gotischen Burganlage nach Entwürfen Albrecht Dürers wurde unter Kaiserin Maria-Theresia eine entfernte Innsbrucker Verwandte des Wiener Schlosses Schönbrunn. Daran erinnern auch die Prunkräume und Kaiserappartements sowie der Riesensaal mit den glanzvollen Deckenfresken von Franz Anton Maulbertsch. *Tgl. von 9–16 Uhr, Eintritt 30 ÖS*

Hofkirche
★ Kaiser Maximilian ruht keineswegs in seinem nach eigenen Plänen errichteten Monumentalgrabmal, sondern in Wiener Neustadt. Was der Imposantheit des Mausoleums keinen Ab-

Das berühmte »Goldene Dachl« in Innsbruck

bruch tut. 28 Erzstatuen, darunter die nach Entwürfen von Albrecht Dürer gestalteten Plastiken von König Artus und Theoderich dem Großen, bewachen den leeren Sarkophag. Im Gegensatz zum »letzten Ritter« liegt der Tiroler Freiheitsheld Andreas Hofer tatsächlich hier begraben. *Universitätsstraße 3. Die Hofkirche ist zu Gottesdienstzeiten geöffnet, im übrigen gelten die Öffnungszeiten des angeschlossenen Volkskunstmuseums*

Stadtturm
Der 57 m hohe Stadtturm in der *Maria-Theresienstraße 21* bietet von seiner 1560 aufgesetzten Renaissancehaube aus das schönste aller Innsbruck-Panoramen.

Wilten
Das Prämonstratenserstift Wilten und die Basilika »Unsere Liebe Frau unter den vier Säulen« zählen zu Innsbrucks besonders beeindruckenden Gotteshäusern. Der frühbarocke Bau der Stiftskirche wird von zwei bemerkenswerten Kolossalstatuen der sagenhaften Riesen Haymon und Thyrsus flankiert. Die der Stiftskirche gegenüberliegende Wiltener Basilika gilt als schönste Rokokokirche Tirols. *Bergisel*

MUSEEN

Ferdinandeum
Umfangreiche Dokumentation des Tiroler Kulturschaffens der letzten Jahrhunderte mit Altdeutscher und Niederländer-Galerie sowie zahlreichen Werken von Lucas Cranach bis Egger-Lienz. *Museumstraße 15. Geöffnet im Sommer tgl. 10–17 Uhr, Do auch 19–21 Uhr, im Winter eingeschränkte Öffnungszeiten, Eintritt 20 ÖS*

Olympiamuseum
Im Hause des »Goldenen Dachls« ist dieses sportgeschichtliche Museum untergebracht,

NORDTIROL UND VORARLBERG

das die beiden olympischen Winterspiele in Innsbruck, die 1964 und 1972 stattfanden, ebenso informativ wie unterhaltsam-nostalgisch dokumentiert. *Herzog-Friedrichstr. 15, tgl. von 10 bis 17.30 Uhr, Eintritt 22 ÖS*

RESTAURANTS

Jörgele
Altes Weinhaus mitten in den Altstadt-Arkaden mit südlich inspirierter Küche. *Herzog-Friedrich-Straße 13, Tel. 05 12/57 10 06, tgl. 12—14.30 und 18—23 Uhr, Kategorie 2*

Wilder Mann
✪ Das wahrscheinlich beste, schönste und traditionsreichste Restaurant im Raum Innsbruck liegt in der bezaubernden Landschaft des Lanser Mittelgebirges. *Lans (ca. 10 Autominuten von Innsbruck), Tel. 05 12/7 73 87, tgl. 11 bis 24 Uhr, Kategorie 2*

EINKAUFEN

Die beste Möglichkeit, in Innsbruck einzukaufen, ist immer noch ein Bummel durch die Altstadt. Dort findet man unter anderem sehr schöne Geschäfte für Porzellan und Tischkultur, die sich auch auf Produkte der Tiroler Glasbläserkunst spezialisiert haben. Trachten kauft man am besten im Tiroler Heimatwerk.

HOTELS

Europa-Tyrol
»Das erste Haus am Platz« galt als Stammhaus der Hocharistokratie und ist bis heute stolz auf seine gepflegte Klientel. Ausgezeichnete Küche in nachgebau-

ten Tiroler Bauernstuben. 100 Zi. *Südtiroler Platz 2, gegenüber dem Hauptbahnhof, Tel. 05 12/59 31, Kategorie 1*

Kranebitten
◥◢ Landgasthof mit imposanter Aussicht auf das Karwendelgebirge und netten 15 Zi. *Kranebitter Allee 203, Tel. 05 12/28 19 58, Kategorie 3*

AM ABEND

🕴 *Die Börse (Wilhelm-Greil-Straße 17)*, gilt als Treff der »jeunesse dorée«, das *Piano (Salurner Straße 15)* als In-Lokal mit außergewöhnlichem Ambiente und leiser Klaviermusik. In der *Sparkling Cocktailbar (Innstraße 45)* »ordiniert« Fritz Schaller, der große alte Mann der österreichischen Barkultur. Für Kulturbeflissene sorgen das *Tiroler Landestheater* und die regelmäßigen *Ambraser Schloßkonzerte.*

AUSKUNFT

Touristeninformation
Burggraben, Tel. 05 12/5 98 50

ZIELE IN DER UMGEBUNG

Igls
◥◢ Die Sonnenterrasse der Innsbrucker im Mittelgebirge am besten mit der Bergbahn ab *Wilten am Bergisel.* (C 4)

Hall
★ Was heute fast wie ein »Vorort« von Innsbruck wirkt, war im Mittelalter das wirtschaftliche Zentrum Tirols. Hall hat sein Stadtbild seit damals fast bis ins kleinste Detail erhalten. Nicht ohne Grund gilt die Haller In-

nenstadt als der besterhaltene Stadtkern Österreichs. Das Wahrzeichen Halls ist der 45 m hohe ☼ *Münzerturm* mit herrlicher Aussicht und *Stadtmuseum*. *Geöffnet von April bis Okt. tgl. 10 bis 16 Uhr, Eintritt 20 ÖS* (D 4)

Imst
Die »Stadt der Brunnen« ist die geschäftige Drehscheibe des Oberinntals. Hier findet alle vier Jahre am vorletzten Sonntag der Fasnacht das berühmte Schemenlaufen statt, der größte Fasnachtsumzug der Ostalpen. (B 4)

Landeck
Schloß Landeck ist das Herzstück dieser 816 m hoch gelegenen Stadtgemeinde mit ihren schönen alten, freskengeschmückten Bürgerhäusern. In den mittelalterlichen Mauern der Burg hoch über der Innschlucht ist auch eines der schönen *Museen* des Tiroler Oberlandes mit dem berühmten »Prandtauerzimmer« eingerichtet. *1. Juni bis 29. Sept. von 10–17 Uhr, 29. Sept. bis 27. Okt. 14–17 Uhr, Eintritt 25 ÖS* (B 4)

Ötztal
★ Mit 65 km ist dieses nach seinem Hauptort Ötz benannte Tal das längste aller Seitentäler des Inns. Es verläuft, vorbei am berühmten *Stuibenfall*, bis tief hinein in die Gipfelregionen rund um Sölden und Obergurgl. Die malerische Ortschaft *Ötz* wird ob ihrer üppigen Vegetation mit Pfirsich und Kastanienbäumen auch »das Meran Nordtirols« genannt. Hotel: *Posthotel Kassl* (49 Zi.), *Ötz, Hauptstr. 70, Tel. 0 52 52/ 63 03, Kategorie 2* (C 4)

Seefeld
Auf dem Mieminger Plateau liegt, hoch über dem Inntal und vor der machtvollen Kulisse des Karwendelgebirges, dieser exklusive Ferienort am idyllischen Wildsee. Die *Seefelder Pfarrkirche* darf das wohl schönste spätgotische Portal Tirols ihr eigen nennen. (C 4)

Stams
Das *Zisterzienserstift* aus dem Jahre 1273 gilt mit seiner berühmten »Tiroler Fürstengruft« als das schönste Barockstift Tirols. Das angeschlossene Sportgymnasium ist die »Talenteschmiede« für Österreichs Wintersportasse. (C 4)

Der eindrucksvolle Stuibenfall im 65 Kilometer langen Ötztal ist einen Besuch wert

NORDTIROL UND VORARLBERG

Stubaital

Eine »ganz normale« Straßenbahn, die mitten ins Tal der 40 Dreitausender mit ihren 80 Gletschern hineinführt, kann man in Innsbruck bei der Wiltener Basilika besteigen und damit über Natters, Mutters und Telfes bis hinein nach Fulpmes fahren. Dabei überwindet die seit der Jahrhundertwende bestehende Bergtramway einen Höhenunterschied von 413 m. (C 4)

KUFSTEIN

Für die meisten Urlauber beginnt hier die erste Bekanntschaft mit Tirol, zu dessen ältesten Siedlungsgebieten diese Region zählt. Der landschaftlich markante Festungsberg stand von Völkerwanderungszeiten bis zu den Tiroler Freiheitskämpfen unter historischem Dauerfeuer. Trotzdem ist das Städtchen Kufstein (14 000 Ew.) nicht nur für seine Wehrhaftigkeit, sondern auch für seinen Handwerksfleiß bekannt. Nicht zufällig ist der »große Sohn« der Stadt der Schneidermeister Josef Madersperger, der hier 1814 die erste Nähmaschine erfunden hat. (E 3)

BESICHTIGUNG

Feste Kufstein

★ ☁ Von der kufenförmig in einen Felsen hoch über dem Inn gehauenen Festung genießt man eine hinreißende Aussicht auf den »Wilden Kaiser«. Einen Besuch lohnt auch die sogenannte »Heldenorgel«, die 1931 geschaffene erste Freiorgel der Welt, die täglich um die Mittagszeit ertönt.

MUSEUM

Heimatmuseum

In einem Festungstrakt werden neben vielen volkskundlichen Schaustücken aus der Geschichte Kufsteins vor allem die Funde aus der 30 000 Jahre alten Tischoferhöhle am Eingang des Kaisertals gezeigt, darunter die berühmte Höhlenbärengruppe. *Geöffnet von April bis 26. Okt., außer im Juli und Aug. Mo geschl., Eintritt 20 ÖS*

RESTAURANTS

Auracher Löchl

Direkt am Fuße des Festungslifts liegt diese ehemalige Brauerei. In einem sehenswerten Gebäude aus dem Spätmittelalter wird traditionelle Tiroler Hausmannskost geboten. *Römerhofgasse 3–5, Tel. 0 53 72/6 21 38, tgl. 12–14.30 und 18–22 Uhr, Kategorie 3*

Batzenhäusl

Das erste und älteste Weinhaus Tirols ist in einem 500 Jahre alten Haus untergebracht und stammt aus der Zeit Kaiserin Maria Theresias, die selbst einmal hier logierte. *Römerhofgasse 1, Tel. 0 53 72/6 24 33, Mo–Sa 12 bis 14.30 und 18–22 Uhr, Kategorie 3*

EINKAUFEN

Die legendäre Sommelier-Serie der Kufsteiner Riedel-Glashütte mit den vielleicht berühmtesten Weingläsern der Welt ist nur eine der Attraktionen der ständigen Verkaufsausstellung der berühmten Glasbläserei. Die Besichtigung der Fabrik ist gratis. *Weisachstraße 28–34. Öffnungszei-*

ten Mo bis Do 10—12 und 13—14 Uhr, Fr 10—13 Uhr

HOTEL

Alpenrose
Sehr zentral, nächst der Glashütte Riedel, liegt dieses Komforthotel (22 Zi.), erstklassiges Restaurant. *Weissachstraße 47, Tel. 0 53 72/6 21 22, Kategorie 2*

AUSKUNFT

Fremdenverkehrsinformation
Tel. 0 53 72/6 22 07

ZIELE IN DER UMGEBUNG

Achensee
★ Der 10 km lange und nur 1 km breite smaragdgrüne See zwischen Karwendel- und Rofangebirge gilt als »Tiroler Fjord«, vor allem wegen seiner Temperaturen zwischen 10 und maximal 18 Grad Celsius. Beliebt ist Tirols größter See vor allem als Revier für Windsurfer, Segler, Drachenflieger und Paragleiter. Sehenswert an seinen Ufern ist neben der historischen *Achensee-Zahnradbahn* auch die barocke *Notburgakirche in Eben*. (D 3)

Kitzbühel
Die historische Silberminen-Stadt am Fuße des Wilden Kaisers gilt als Wiege des Tiroler Wintersports. Hier fanden schon 1907 die ersten gesamtösterreichischen Skimeisterschaften statt, und 1937 schlug die Geburtsstunde des berühmten Hahnenkammrennens, das bis heute als Society-trächtigstes Wintersportereignis der Saison gilt. Die Kitzbüheler Innenstadt

mit ihren alten Bürgerhäusern aus dem 15. und 16. Jh. gilt als idealtypisches Beispiel ländlich-bürgerlicher Stadtarchitektur. (E 3)

Rattenberg
★ Das schönste geschlossene mittelalterliche Stadtensemble Tirols findet sich neben Hall ohne Zweifel in der alten Glasbläserstadt Rattenberg, das vor allem wegen seines idyllischen »Malerwinkels« (mit hervorragender Konditorei) im Stadtzentrum besuchenswert ist.(D 3)

Schwaz
»Aller Bergwerke Mutter« — hieß diese historische Stadt am Inn früher. Heute erinnert daran noch das längst stillgelegte Silberbergwerk mit seiner typischen Grubenbahn, die heute allerdings in ein *Museum* führt. *Geöffnet tgl. von 9—17 Uhr, Eintritt 120 ÖS.* (D 4)

Zillertal
★ Das größte Seitental des Inns ist wahrscheinlich auch das bekannteste. Seit der Eröffnung der dampfenden Zillertalbahn um die Jahrhundertwende steht dieser Landstrich mit seinen zahllosen Almen, Schluchten, Gletschern und Wasserfällen, ausladenden Skigebieten und malerischen Ortsbildern im Mittelpunkt des Fremdenverkehrs. Hauptorte sind *Mayrhofen, Fügen* und *Zell am Ziller*. Hinter Mayrhofen beginnt das abgelegene *Tuxertal*, das — im Winter wie im Sommer — vor allem bei Gletscherskifahrern beliebt ist. Hotel: *Neuhaus* (140 Zi.), *Mayrhofen, Am Marktplatz 202, Tel. 0 52 85/ 22 03, Kategorie 2* (D 4)

PRAKTISCHE HINWEISE

Von Auskunft bis Zoll

Kurz und prägnant: die wichtigsten Informationen und Adressen für Ihren Österreich-Trip

AUSKUNFT

Österreich
Urlaubsinformation Österreich, 1040 Wien, Margarethenstr. 1, Tel. 01/5 87 20 00

Deutschland
Österreich-Information
D-10789 Berlin, Tauentzienstr. 16, Tel. 0 30/24 80 35
D-60311 Frankfurt am Main, Rossmarkt, Tel. 0 69/2 06 98
D-50667 Köln am Rhein, Alter Markt 28–32, Tel. 02 21/23 32 36
D-82024 Taufkirchen bei München, Rotwandweg 4, Tel. 0 89/66 67 01 00
D-70173 Stuttgart, Rotebühlplatz 20 d, Tel. 07 11/22 60 82

Schweiz
Österreich-Information
CH–8036 Zürich, Zweierstraße 146, Wiedikerhof, Tel. 01/4 51 15 51

ARZT/APOTHEKE

Wenn Sie nicht einen gültigen Urlaubskrankenschein haben, wie ihn die meisten Kassenärzte akzeptieren, muß die Behand-lung bezahlt werden. *Apotheken sind von Mo—Fr 8—12 und 14—18 Uhr und Sa 8—12 Uhr geöffnet. Der Ärztenotdienst hat die Nummer 1 41, die Rettung 1 44*

AUTO

Informationen für Autofahrer erteilt in *Deutschland* der *ADAC (Tel. 0 89/7 67 60)* sowie in der *Schweiz* der *Touring Club Suisse (Tel. 22/37 12 12)*. In *Österreich: ÖAMTC (Österreichischer Automobil- und Touring-Club)* Wichtige Telefonnummern: *ÖAMTC Pannendienst: 01/92 22 45, Europanotruf: 1 20; AR-BÖ Pannendienst: 1 23, Reisenotruf: 01/78 25 28*
In allen größeren Städten Österreichs gibt es Vertretungen der Mietwagenfirmen Avis, Hertz und Mosel-Union.

BANKEN

Im allgemeinen gelten in Österreich folgende Öffnungszeiten: *Mo—Fr 8—12.30 und 13.30 bis 15.30 Uhr, Do nachmittag bis 17 Uhr.* Eurochecks werden in Tirol überall akzeptiert.

BOTSCHAFTEN/KONSULATE

Deutsche Botschaft
1030 Wien, Metternichgasse 3, Tel. 01/7 11 54-0 (Konsulate gibt es auch in Bregenz, Eisenstadt, Graz, Innsbruck, Klagenfurt, Linz und Salzburg)

Schweizer Botschaft
1030 Wien, Prinz-Eugen-Str. 7–9, Tel. 01/7 95 05-0 (ein Konsulat gibt es auch in Bregenz)

BUSSE

Zentrale Busauskunft (Bahn- und Postbus): *Tel. 01/7 11 01*

CAMPING

Österreich bietet eine perfekte Infrastruktur an Campingplätzen, die sich fast immer in landschaftlich besonders ansprechender Lage befinden, was darüber hinwegtröstet, daß wildes Campen hierzulande nicht erlaubt ist. Vorsicht Wohnwagenbesitzer: Viele Bergstraßen sind für Sie benutzbar, bitte rechtzeitig bei den Automobilclubs informieren! Weitere Informationen über den *DCC (Deutscher Camping-Club), Mandlstr. 28, Tel. 0 89/33 40 21,* den *ADAC e. V., 81373 München, Am Westpark 8, 0 89/76 7 60* oder den *Österreichischen Camping-Club (ÖCC), 1010 Wien, Johannesgasse 20,* der auch Camping-Pauschalarrangements organisiert.

EINREISE

Reisepaß oder gültiger Personalausweis genügen für die Einreise bei einem Aufenthalt, der nicht länger als drei Monate geplant ist. Für Kinder unter 16 Jah-

ren reicht eine Eintragung in den Paß der Eltern.

POST/TELEFON

Eine Postkarte ins Ausland muß mit ÖS 6,–, ein Brief mit ÖS 7,– freigemacht werden. Telefongespräche innerhalb Österreichs sind nach Zonen gestaffelt und zwischen 18 und 8 Uhr sowie am Wochenende verbilligt. Das gilt nicht für Auslandsferngespräche. Ein drei- bis vierminütiges Telefongespräch mit Deutschland oder der Schweiz kostet ca. 30 ÖS.
Vorwahl nach Deutschland:
06 + Ortsvorwahl + Teilnehmernummer
Vorwahl in die Schweiz:
05 + Ortsvorwahl + Teilnehmernummer
Vorwahl von Deutschland nach Österreich:
00 43 + Ortsvorwahl + Teilnehmernummer. Bei Anrufen nach Österreich ist die Null am Anfang der Ortsvorwahl wegzulassen.

RADFAHREN

Viele österreichische Städte und Ortschaften verfügen über Fahrrad- und Mountainbike-Verleihe. Die Österreichischen Bundesbahnen bieten einen speziellen Service für kombinierte Bahn-Radtouren mit Fahrradverleih am Bahnhof an.

TEMPOLIMIT

In Tirol gilt, wie auch in Vorarlberg, aber anders als in allen anderen Bundesländern, ein verschärftes Geschwindigkeitslimit: Wenn nicht ausdrücklich anders angegeben, herrscht in

PRAKTISCHE HINWEISE

diesen beiden Bundesländern auf Bundesstraßen Tempo 80. Nur auf den Autobahnen darf man bis 130 aufs Gas steigen.

TIERE

Für Hunde und Katzen ist ein tierärztliches Gesundheitszeugnis mit aktuellem Tollwutimpfungsnachweis erforderlich.

TRINKGELD

Da die Löhne der Kellner und Kellnerinnen nach wie vor meist auf die »Trinkgeldwirtschaft« abgestimmt sind, empfiehlt es sich, eine zufriedenstellende Bedienung, je nach Höhe der Rechnung, mit etwa 5 bis 10 Prozent des Betrages zu belohnen.

ZOLL

Als Noch-nicht-EG-Land verfügt Österreich über andere Zollfreiregelungen als die europäische Gemeinschaft. Reisende über 17 Jahren dürfen folgende Mengen zollfrei einführen: 200 Zigaretten oder 50 Zigarren oder 250 g Tabak; 2 Liter Wein oder 1 Liter Spirituosen, 250 g Kaffee oder 100 g Kaffee-Extrakt, 50 g Parfum oder 0,25 l Eau de Toilette. Unser Tip: Ein Blick in die an Zollämtern kostenlos erhältliche Broschüre »Gute Fahrt mit dem Zoll« erspart Ärger.

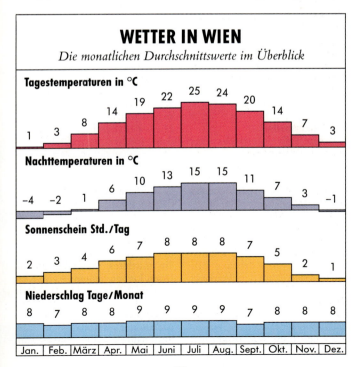

Bloß nicht!

An Gefahren und Touristenfallen mangelt es im Fremdenverkehrsparadies Österreich nicht. Man kann ihnen aber ausweichen

Sonntagsbergsteigen

Auch wenn sie noch so idyllisch und romantisch aussehen mag: Die österreichische Bergwelt kann sogenannten Sonntagsbergsteigern im Turnschuh-Outfit ganz schön gefährlich werden. In jedem Fall gilt neben Vorsorge gutes festes Schuhwerk und vernünftige Kleidung. Ungeübte Bergsteiger sollten schwierigere Gipfel nur in Begleitung eines geprüften Bergführers — solche gibt es in praktisch allen Hochgebirgsgemeinden — erklimmen.

Naturschutzmuffel

Da weite Teile Österreichs unter strengem Pflanzenschutz stehen, empfiehlt es sich, sich beim zuständigen Fremdenverkehrs- oder Gemeindeamt zu erkundigen, welche Pflanzen man gefahrlos pflücken und zu einem Blumensträußchen binden darf. Auch für Schwammerlsucher, die mehr als nur einen kleinen Eigenbedarf im Körbchen führen und sich daher dem Verdacht des gewerbsmäßigen Schwammerlsuchens aussetzen, gelten regional unterschiedliche, zum Teil aber sehr strenge Bestimmungen. Die Strafen können ganz schön saftig ausfallen.

Schunkeln und Almgaudi

Ob beim Heurigen in Grinzing oder auf der Tiroler Alm: Bewahren Sie sich eine gesunde Skepsis, wo immer Sie allzuviel grünes Neonlicht, allzulange Tische und Schilder »Hüttengaudi«, »Kaminabend« oder »Almparty« sehen. Sie können vor allem bedeuten, daß es laut und teuer wird, es sich aber kaum um echte Folklore, sondern meist um so echteren Nepp handelt.

Telefon-Nepp

Telefonieren ist in Österreich an sich schon teurer als anderswo. Hier ist es allerdings auch üblich, daß Hoteliers, gesetzlich leider durchaus gedeckt, den zwei-, meist sogar dreifachen Preis für jedes von Zimmer aus geführte Telefongespräch verrechnen dürfen. Erkundigen Sie sich also bitte vorher an der Rezeption, zu welchem Tarif die Telefoneinheit verrechnet wird. Es kann Ihnen sonst passieren, daß Sie für ein mittleres Schwätzchen mit Ihren Lieben daheim — von Kufstein nach Rosenheim 100 Mark und mehr bezahlen. Unser Tip: Es ist wesentlich kostengünstiger, aus der Telefonzelle oder am besten direkt auf der Post zu telefonieren.

REGISTER

In diesem Register finden Sie alle in diesem Führer erwähnten Orte und Seen verzeichnet

Achensee 90
Admont 54
Aguntum 63
Almtal 71
Altauseersee 53
Altmünster 70
Arlberg 83
Attersee 72
Ausseerland 52
Bad Aussee 53
Baden 48
Badgastein 79
Bad Ischl 72
Bludenz 84
Bregenz 82
Bregenzerwald 84
Carnuntum 49
Defereggental 63
Dornbirn 84
Dürnstein 40
Ebensee 70
Eisenstadt 32
Enns 74
Faaker See 66
Feldkirch 84
Filzmoos 79
Frauenkirchen 37
Freistadt 74
Friesach 60
Gmünd 43
Gmunden 69
Gosausee 72
Graz 55
Grein 75
Grundlsee 53
Gumpoldskirchen 49
Gurk 60
Göttweig 41
Halbturn 37
Hall 87
Hallein 79
Hallstätter See 72
Heiligenkreuz 49
Heinfelser
  Punbrücke 63

Herzogenburg 38
Herzogstuhl 61
Hochosterwitz 61
Hohenems 84
Igls 87
Imst 88
Innsbruck 85
Kals 64
Kamptal 41
Karnburg 61
Kefermarkt 75
Kitzbühel 90
Klagenfurt 58
Klosterneuburg 49
Krems 38
Kremsmünster 75
Krimmler Wasser-
  fälle 79
Kufstein 89
Landeck 88
Landskron 66
Lienz 62
Lilienfeld 38
Linz 73
Magdalensberg 61
Maria Gail 66
Maria Saal 61
Maria Straßengel 57
Mariazell 57
Matrei 64
Mautern 41
Mayerling 49
Melk 41
Millstättersee 66
Mölltal 66
Mondsee 72
Naßfeld 66
Neudiedl am See 35
Nockalmstraße 67
Ötztal 88
Ossiacher See 67
Pürgg 54
Rankweil 84
Rattenberg 90
Riegersburg 57

Römersteinbruch
  St. Margarethen 34
Rust 35
Saalfelden 79
Salzburg 76
Schlägl 75
Schloß Porcia 67
Schöngrabern 49
Schwaz 90
Seefeld 88
Seewinkel 35
Semmeringgebiet 49
Spittal 67
Stainz 58
Stams 88
Steyr 75
St. Florian 75
St. Paul 61
St. Pölten 37
Stubaital 89
St. Veit a. d. Glan 61
Südsteirische
  Weinstraße 58
Tamsweg 79
Terra Mystica 67
Toplitzsee 53
Traunsee 71
Untersberg 78
Villach 64
Virgental 64
Wachau 42
Wagrain 79
Waldviertel 43
Wallersee 79
Wels 75
Werfen 79
Wien 43
Wiener Neustadt 49
Wilhering 75
Wörthersee 61
Wolfgangsee 73
Zell am See 79
Zillertal 90

Was bekomme ich für mein Geld?

 Eine Mark müssen Sie mit ungefähr 7 Schilling, einen Schweizer Franken etwa mit 8 Schilling gegenverrechnen. Studenten mit gültigem Ausweis erhalten in den öffentlichen Museen, auf der Bahn und auch in manchen Theatern und Konzerten wesentliche Ermäßigungen. Die Bahn hat für Familien mit Kindern auch einen eigenen Familienausweis aufgelegt, der das Bahnfahren wesentlich verbilligt.

Vorsicht: Ein Cola oder ein Bier kann am Kiosk eines beliebten Aussichtspunktes mehr kosten als in einem Luxushotel. Alkoholfreie Getränke, vor allem auch Mineralwasser, sind in der österreichischen Gastronomie unverhältnismäßig teuer. Ein Glas Limonade oder Mineralwasser kann mit einem Betrag zwischen 29 und 50 ÖS zu Buche schlagen, für das Krügel Bier (½ Liter) muß man zwischen 25 und 40 ÖS rechnen.

Beim Wein ist zwischen offenem Schankwein (¼ l ca. 25–40 ÖS) und glasweise ausgeschenktem Bouteillenwein zu unterscheiden, wo das Glas (⅛ l) schon auch einmal 70 bis 80 ÖS kosten kann.

Relativ teuer sind alle Arten von Fiaker- oder Pferdeschlittenfahrten. 1000 ÖS für eine kleine Ausfahrt sind durchaus üblich. Auch die Kosten für Skischule oder Bergführer sollte man bei der Erstellung des Reisebudgets nicht unterschätzen.

DM	ÖS	ÖS	DM
1	7,--	1	0,14
2	14,--	2	0,29
3	21,--	3	0,43
4	28,--	4	0,58
5	35,--	5	0,72
7	49,--	7	1,01
10	69,--	10	1,44
20	139,--	20	2,88
25	174,--	25	3,60
30	208,--	30	4,32
40	278,--	40	5,76
50	347,--	50	7,20
60	417,--	60	8,64
70	486,--	70	10,08
75	521,--	75	10,80
80	556,--	80	11,52
90	625,--	90	12,96
100	694,--	100	14,40
200	1.389,--	200	28,80
250	1.736,--	250	36,--
500	3.472,--	500	72,--
750	5.208,--	750	108,--
1000	6.944,--	1000	144,--

Das Kaffeehausleben hat seinen Preis